DEUXIÈME PÉTITION AU SÉNAT

FONDATION

DES

THEATRES IMPERIAUX

ET DES

CONSERVATOIRES DE LA PROVINCE

> CONTRIBUTION DE LA VILLE DE PARIS AUX
> DÉPENSES DE SES THÉATRES IMPÉRIAUX
> PARTICIPATION DE L'ÉTAT AUX DÉPENSES DES
> THÉATRES IMPÉRIAUX DE LA PROVINCE
> RÉVISION DE L'ARTICLE 8 DE LA LOI DU
> 13 JANVIER 1791
> SUPPRESSION DE L'IMPÔT DES PAUVRES SUR LES
> SPECTACLES

Sénat n°

ROUEN

IMPRIMERIE CH.-F. LAPIERRE ET Cᵉ
RUE SAINT-ÉTIENNE-DES-TONNELIERS, 1ᵉʳ

JANVIER 1866

FONDATION
DES THÉATRES IMPÉRIAUX

ET

DES CONSERVATOIRES DE LA PROVINCE

(C.)

DEUXIÈME PÉTITION AU SÉNAT

FONDATION

DES

THÉATRES IMPÉRIAUX

ET DES

CONSERVATOIRES DE LA PROVINCE

CONTRIBUTION DE LA VILLE DE PARIS AUX
DÉPENSES DE SES THÉATRES IMPÉRIAUX
PARTICIPATION DE L'ÉTAT AUX DÉPENSES DES
THÉATRES IMPÉRIAUX DE LA PROVINCE
REVISION DE L'ARTICLE 3 DE LA LOI DU
13 JANVIER 1791
SUPPRESSION DE L'IMPÔT DES PAUVRES SUR LES
SPECTACLES

Sénat n° 

ROUEN

IMPRIMERIE CH.-F. LAPIERRE ET Cᵉ

RUE SAINT-ÉTIENNE-DES-TONNELIERS, 1ᵉʳ

JANVIER 1866

PRÉLIMINAIRES

I.

Messieurs les Sénateurs,

Dans le but de remédier à la décadence incontestable du théâtre en province, j'ai pensé qu'il serait utile de classer un certain nombre des scènes départementales dans l'institution conservatrice, progressive et protectrice des *théâtres impériaux*.

Si nous avons les *théâtres impériaux* de la capitale, pourquoi n'aurions-nous pas les *théâtres impériaux* de la province ?

C'est dans l'espoir de voir mon projet patronné par le premier corps de l'Etat que j'avais adressé une première pétition au Sénat, et que je lui en adresse une deuxième aujourd'hui.

Déposée le 12 janvier 1865, c'est-à-dire avant l'ouverture de la session, et inscrite sous le n° 170, ma première pétition a été rapportée le 7 juillet dans la séance de clôture.

M. le baron Haussmann, deuxième rapporteur de votre première commission des pétitions, a englobé mon travail dans un rapport sommaire de quatre-vingt-huit pétitions *qui ne lui semblaient pas de nature à retenir longtemps l'attention du Sénat,* et pour lesquelles il a demandé et obtenu, sans discussion, un ordre du jour collectif.

Néanmoins, j'ose me présenter de nouveau devant votre haute juridiction, me fondant, pour cela, sur le rapport même de M. le baron Haussmann, rapport dans lequel on lit ce qui suit :

« Un pétitionnaire, éclairé par un premier vote de rejet, peut nous apporter des raisons nouvelles, ou des justifications plus complètes à l'appui de sa demande...

« Aucune disposition n'interdit la reproduction devant vous des questions sur lesquelles vous avez déjà statué, et le silence du règlement a été interprété jusqu'à présent dans le sens de reproduction indéfinie. »

Un peu plus loin, M. le baron Haussmann ajoutait, il est vrai, que :

« Le droit du Sénat et le soin de sa propre dignité étaient de lasser la persévérance du pétitionnaire, lorsqu'elle n'avait que le caractère de l'obstination, comme d'appliquer la question préalable à ceux qui s'irritent et adressent au Sénat des *critiques inconvenantes de ses décisions, accompagnées naturellement d'observations peu aimables pour les rapporteurs.* »

J'espère ne point me mettre dans ce dernier cas. J'apporte seulement des *raisons nouvelles* et des *justifications à l'appui de ma demande,* dans laquelle on ne peut voir le caractère de l'obstination, mais bien celui d'une persévérance qui se justifie par l'élévation du dessein poursuivi.

Si je me suis permis quelques observations sur le rapport en lui-même, c'est qu'il me prête des idées qui ne sont pas les miennes ; et qu'en outre, il garde un silence absolu sur un point important de mon travail, point qui, par conséquent, n'a pas été examiné.

Pour que le Sénat soit mis à même d'apprécier complètement la question, j'ai reproduit à la fin de cet imprimé, et sous le titre de *Pièces justificatives et renseignements*, ma première pétition et le texte exact du rapport auquel elle a donné lieu.

II.

OBSERVATIONS RESPECTUEUSES PRÉSENTÉES SUR LE RAPPORT DE M. LE BARON HAUSSMANN.

Le rapport débute ainsi :

« Le sieur Malliot demande : 1° la fondation, dans les départements, de théâtres impériaux ; 2° la subvention, par l'Etat, des théâtres de province dignes de cette faveur ; et *il indique,* comme moyen de pourvoir à cette double dépense, une *réduction* de moitié sur la subvention accordée à certains théâtres de Paris. »

Cette affirmation ne peut être que le résultat d'une erreur, car rien de semblable n'est *indiqué* dans ma pétition. On n'y trouve pas un paragraphe, pas une ligne, pas un mot tendant à demander la *réduction* des subventions accordées aux théâtres de Paris.

J'ai dit : « Que Paris se charge de fournir la moitié de ce que lui donne l'Etat pour ses théâtres, et l'Etat, par cet allégement, sera mis immédiatement en possession d'une somme de 800,000 fr. au moins, qu'il pourra, sans augmenter son budget, répartir entre les scènes départementales. »

Evidemment, il ne ressort de cette combinaison aucune *réduction* sur les subventions accordées aux théâtres impériaux de Paris.

On ne doit, on ne peut y voir : 1° qu'une demande faite à la ville de Paris de participer aux dépenses de ses théâtres ; 2° qu'un retour à l'Etat de la somme versée par la ville de

Paris ; 3° qu'une répartition différente de la somme rentrée à l'Etat, et, en fin de compte, les théâtres impériaux de Paris touchant 800,000 fr. de l'Etat et 800,000 fr. de la ville, auraient conservé, *sans aucune réduction,* les 1,600,000 fr. qui forment le montant actuel de leur subvention.

Le deuxième paragraphe du rapport est-il plus fondé ?

« Le décret du 6 janvier 1864, en supprimant les priviléges en matière d'exploitations théâtrales, a pu rendre plus précaire qu'elle ne l'était déjà la situation de quelques théâtres de province ; mais *c'est surtout parce que certaines villes ont saisi cette occasion de supprimer les subventions municipales qu'elles accordaient précédemment aux leurs.* — Le moment de trouble qui a suivi la grande mesure adoptée par le gouvernement doit-il faire désespérer de l'avenir de l'art lyrique en province ? Nous croyons qu'il serait téméraire de l'affirmer. »

Il y a ici une nuance qui a échappé à l'honorable rapporteur : les villes ont supprimé ou diminué les subventions qu'elles accordaient librement, non point parce qu'elles ont *saisi* l'occasion de la proclamation de la liberté des théâtres ; mais parce que cette liberté modifiait profondément les conditions d'existence de leurs principaux théâtres.

En effet, les directeurs demandèrent des augmentations considérables de subsides pour lutter avantageusement contre les concurrences de toutes sortes et pour combler le vide causé dans leurs recettes par la suppression du droit de redevance sur les petits spectacles.

Des villes ont reculé devant cet accroissement de dépenses qui auraient grevé leur budget outre mesure, et comprenant que les sacrifices qu'elles s'étaient jusqu'alors imposés ne suffisaient plus pour soutenir une exploitation suffisamment digne et artistique, elles ont préféré s'abstenir complétement.

Mais, qu'on veuille bien le remarquer, en cessant de donner des subventions, ces villes n'ont fait que suivre l'exemple de la ville de Paris qui, malgré son vaste budget, ne consacre pas un centime à ses théâtres.

Plus loin le rapport dit :

« Le sieur Malliot voudrait, en outre, que des conservatoires fussent créés *par l'Etat* dans les grandes villes de province. Deux établissements de ce genre, à Lille et à Toulouse, sont subventionnés par le ministère de la Maison de l'Empereur et des Beaux-Arts. »

Notre pétition demande, en effet, la fondation de conservatoires nouveaux en province ; mais elle ne demande pas qu'ils soient subventionnés par l'Etat.

Voici sur ce sujet le texte même de la pétition :

« Pour encourager les villes à faire cette dépense (celle des conservatoires), qui serait si productive pour elles-mêmes et pour l'art en général, l'Etat en ferait une condition essentielle de la subvention *qu'il accorderait au théâtre impérial* de la ville qui fonderait un conservatoire. »

On le voit, ce sont les *théâtres impériaux* qui devaient recevoir un appoint subventionnel de l'Etat. Les conservatoires restaient à la charge des villes qui auraient en même temps consenti aux dépenses premières d'un théâtre impérial.

Quant aux deux conservatoires de province subventionnés par l'Etat, dont parle le rapport, ils ne sont que les spécimens d'une institution qui n'est pas généralisée. Quelques lignes suffiront pour faire connaître au Sénat la situation des conservatoires de province.

Il y a cinq conservatoires érigés en succursales du conservatoire de Paris : à Marseille, à Toulouse, à Lille, à Metz et à Nantes. Voici ce qu'ils coûtent aux villes :

Marseille	33,300 fr.
Toulouse.	20,000
Lille.	16,355
Metz.	10,000
Nantes (école de chant seulement). . .	5,000
Total.	84,655 fr.
A cette somme l'Etat ajoute.	7,000
Total.	91,655 fr.

Les 7,000 fr. donnés par l'Etat sont ainsi répartis :

3,000 fr. au conservatoire de Toulouse et 4,000 fr. au conservatoire de Lille.

On le voit, le gouvernement ne se ruine pas pour soutenir les conservatoires de province, qui, cependant, produisent des résultats remarquables qu'il serait trop long d'énumérer ici.

Et pourtant, le 10 juin 1852, le ministre d'Etat rendait un arrêté qui commençait par ces mots : « Considérant que « des subventions sont accordées par l'Etat aux écoles de mu- « sique succursales du conservatoire. . . . . « un émolument, prélevé sur les fonds accordés par l'Etat, « est attribué au directeur... »

Un autre arrêté ministériel du 26 avril 1857 disait encore :

« Art. 4. — Un émolument, prélevé sur les fonds accor- « dés par l'Etat, est attribué au directeur... »

Ces prescriptions n'ont point été suivies d'effet, les conservatoires de Marseille, de Metz, de Nantes, ne reçoivent actuellement aucun secours de l'Etat, et les directeurs de tous les conservatoires de province touchent des appointements qui sont loin d'être en rapport avec leur position et leur talent. Les villes obérées par leurs théâtres font ce qu'elles peuvent, et, comme on le voit, les sacrifices de l'Etat sont des plus modestes.

Les conservatoires subventionnés par l'Etat ne rentrant pas dans le projet qui nous occupe aujourd'hui, nous ne nous étendrons pas davantage sur ce sujet, dont nous n'avons entretenu le Sénat qu'à titre de renseignement.

Reprenons notre respectueux examen du rapport de M. le baron Haussmann.

Après avoir dit que nous demandions la création par l'Etat de conservatoires dans les grandes villes de province et signalé les subventions accordées à Lille et à Toulouse, M. le baron Haussmann ajoutait :

« Lorsque de toutes parts on demande, sous le nom de *décentralisation*, des mesures législatives ayant pour but de laisser une part plus large à l'initiative locale en matière d'institution de toute nature, il serait étrange de pousser le gouvernement à s'engager plus qu'il ne l'a fait encore dans une voie contraire. »

Il nous est impossible de ne pas repousser la pensée qui nous est ici prêtée. Rien dans notre système ne justifie les assertions du rapport qui, on nous permettra de l'affirmer, nous fait dire précisément le contraire de ce que nous avons avancé. — Nous nous expliquons :

Qu'est-ce que l'Etat ? C'est la France tout entière et non Paris seulement. La ville de Paris, dans la sollicitude et les munificences gouvernementales, doit occuper le premier rang, nous sommes les premiers à le reconnaître ; mais si elle doit dominer, c'est plus encore pour rayonner que pour absorber.

Si l'Etat prodigue ses encouragements à la seule ville de Paris ; s'il ne soutient de ses deniers, de son patronage que la ville de Paris ; s'il ne vient en aide aux beaux-arts, aux théâtres que dans la ville de Paris, il fait de la *centralisation*.

Si, après avoir encaissé la plus grosse part des contributions des villes de province, l'Etat se borne à proclamer qu'il leur laisse l'initiative locale, il ne fait, au fond, rien de neuf, rien de progressif, rien de meilleur que par le passé en faveur de la *décentralisation* artistique.

Or, nous avons demandé tout autre chose quand nous avons dit : « L'Etat doit venir en aide aux municipalités de la province et les encourager à subventionner leurs théâtres en les subventionnant lui-même. »

Il est évident que, contrairement à ce que nous fait dire le rapport, nous poussions, en parlant ainsi, le gouvernement à adopter des *mesures législatives* tendant à *décentraliser* les faveurs que l'Etat accorde aux théâtres.

Notre travail indiquait ces mesures si faciles à appliquer et qui ne lui occasionnaient aucune dépense nouvelle. Nous lui présentions les moyens de seconder l'initiative locale par des *mesures législatives* qui devaient donner une impulsion favorable aux progrès artistiques de la province, et par suite contribuer à la richesse de Paris, qui ne dédaigne pas de se parer des nombreux emprunts qu'il fait aux départements. Et c'est lorsque nous exprimions des idées d'un intérêt si général qu'on nous accuse d'être en opposition avec le gouvernement sur la question d'initiative locale.

Nous ne pouvons accepter ce reproche.

Poursuivons. Notre pétition, qui demandait la fondation des théâtres impériaux et les conservatoires de la province, indiquait une combinaison financière propre à soutenir cette double institution. Grâce à cette combinaison, PAS UN DENIER de dépenses nouvelles n'incombait à la charge de l'Etat. Les conservatoires étaient à la charge des villes, les théâtres impériaux étaient subventionnés par l'Etat pour un tiers et par les villes pour deux tiers ; mais ce tiers payé par l'Etat ne grevait en rien le Trésor, puisqu'on le trouvait dans la somme laissée disponible, grâce à la contribution de la ville de Paris aux dépenses de ses propres théâtres. Cette contribution est équitable ; elle est réclamée depuis longtemps ; elle a été l'objet d'un vœu exprimé par le Corps Législatif (21 mai 1864). Ce vœu, il est vrai, est jusqu'à ce jour demeuré stérile ; mais il n'en subsiste pas moins, et la pensée de voir l'opulente ville de Paris faire ce que font les autres cités moins riches, n'a rien perdu de sa force dans l'opinion des gens qui ont le sens juste et droit.

Cette pensée avait été notre point d'appui ; elle avait présidé aux développements de notre pétition. C'était le moyen pratique qui rendait possible la réalisation de nos projets, et ce moyen était clairement exposé dans notre travail. Et pourtant, le rapport présenté au Sénat n'en a pas dit un mot.

On ne saurait nous accuser de manquer de déférence envers le Sénat si nous exprimons ici la surprise que nous cause ce silence absolu de l'honorable rapporteur M. le baron Haussmann, préfet de la Seine, et chargé de l'administration de la ville de Paris.

Il nous reste à traiter un point qui est capital, car il renferme la sanction donnée récemment par l'Empereur au principe des *théâtres impériaux* de la province.

Dans la réponse faite par le rapport de M. le baron Haussmann à la partie de notre pétition concernant ce même principe, on lisait le paragraphe suivant :

« Il est *étrange* qu'on revienne aujourd'hui, sous le régime de la liberté à peine inauguré, demander ce qu'on avait jugé impossible au temps des priviléges et de la protection. »

Par un singulier rapprochement, au moment où ces paroles étaient prononcées au Sénat, l'Empereur, qui ne croit pas que sa haute protection et son puissant patronage soient incompatibles avec la liberté, autorisait le Grand-Théâtre de Lyon à prendre le titre de *Théâtre-Impérial!*

Le Sénat repoussait notre demande le 7 juillet, et le 11, trois jours après, M. le maréchal Vaillant adressait au directeur des théâtres de Lyon la lettre que voici :

« Monsieur le directeur,

« S. M. l'Empereur a pris connaissance de la supplique que vous lui « avez adressée à son passage à Lyon, et dans laquelle vous exprimez le « désir d'être autorisé à donner aux théâtres que vous dirigez le titre de « théâtres impériaux.

« Il n'est pas possible d'accorder à tous les théâtres qui sont sous « votre direction une dénomination qui doit rester exceptionnelle ; mais « l'Empereur, voulant donner à la ville de Lyon un témoignage de son « auguste intérêt, et à vous-même une marque de sa bienveillance, a « daigné consentir à ce que le Grand-Théâtre de Lyon prenne à l'avenir « le titre de Théâtre-Impérial.

« C'est avec un véritable plaisir que je porte à votre connaissance la « décision gracieuse de Sa Majesté, qui n'implique d'ailleurs aucune « promesse de subvention, soit de la part de l'Etat, soit de la part de « la liste civile.

« Recevez, monsieur le directeur, l'assurance de ma considération « distinguée.

« *Le maréchal de France, ministre de la maison de l'Empereur et des Beaux-Arts,*

VAILLANT. »

Cette lettre du ministre a une importance considérable, et quoiqu'elle n'implique aucune promesse de subvention, elle ne pose pas moins très-nettement le principe des *théâtres impériaux* de la province. Ne pas comprendre la portée de cette décision serait, selon nous, vouloir méconnaître la pensée de l'Empereur, qui a pour habitude de donner une signification à tous ses actes.

« L'Empereur, voulant donner à la ville de Lyon un « témoignage de son auguste intérêt, » dit la lettre du ministre, « a daigné consentir à ce que le grand théâtre de « l'opéra prenne à l'avenir le titre de Théâtre-Impérial ; —

« et *cette dénomination doit rester exceptionnelle* parmi les
« théâtres de Lyon. »

Nous n'avons pas la prétention de tirer des conséquences
absolues de la mesure impériale, mais il nous semble que,
sans nous écarter des convenances, nous pouvons exprimer
ici le sentiment qu'elle nous inspire :

Ce titre de *Théâtre-Impérial* est par lui-même un progrès,
car il implique nécessairement la dignité artistique de cette
première scène, en lui imposant moralement l'obligation de
manifester constamment des tendances vers le genre élevé, et
de l'éloignement pour le genre contraire. Ce haut patronage
est une noblesse, et noblesse oblige.

Nous voyons donc dans cette mesure un heureux présage
pour l'avenir de nos grandes scènes départementales. L'Empereur n'est pas exclusif. La France tout entière est l'objet
de sa constante sollicitude, ses vues sont larges, générales,
généreuses, et nous croyons en comprendre toute la gran-
deur en osant espérer qu'il ne refuserait pas aux théâtres
d'autres villes qui s'en montreraient dignes, la faveur qu'il a
accordée au Grand-Théâtre de Lyon.

Quant aux secours subventionnels, il ne viendra certes à
la pensée de personne d'oser les solliciter de la liste civile,
déjà si généreusement dispensée par la volonté impériale,
et, en ce qui concerne les secours de l'Etat, on ne saurait y
songer en dehors de la combinaison que nous avons proposée.
Mais si cette combinaison était prise en considération, il y
aurait tout à espérer.

Qu'un projet soit présenté au Corps Législatif, qu'une loi
donne une réalisation définitive au vœu exprimé dans la séance
du 21 mai 1864, et tout sera dit : Paris paiera sa part, et
l'Etat, par ce moyen, pourra venir au secours des provinces en
créant des *théâtres impériaux*, accordés, pour ainsi dire,
comme récompense aux villes qui fonderont des conservatoires

utiles à tout le pays, à Paris surtout, qui, comme toujours, choisira sur toutes les scènes les meilleurs sujets.

Nous avons cru devoir insister sur la création d'un *théâtre impérial* à Lyon, pour prouver que la sollicitude impériale n'abandonne pas les scènes départementales. La mesure qui a été prise dans ce sens nous autorise à croire que nous n'avions pas agi d'une manière *étrange*, et que nous n'agissons point encore avec témérité en osant saisir le Sénat d'une question qui obtient la faveur du souverain et qui intéresse les départements, c'est-à-dire les trente-quatre trente-sixièmes de l'empire.

DEUXIÈME PÉTITION AU SÉNAT

DEUXIÈME PÉTITION AU SÉNAT

III.

FONDATION DES TEÉATRES IMPÉRIAUX ET DES CONSERVATOIRES DE LA PROVINCE.

> Le théâtre élève ou déprave le sens moral d'une nation .. ..
> .. ..
> La seule industrie du théâtre a plus en vue le lucre que l'intérêt de l'art...........
> . ...
> Proclamer la liberté des théâtres pour la capitale et pour la province, implique l'obligation d'établir des théâtres d'art aussi bien en province que dans la capitale.

Quoi qu'en puissent dire les optimistes, il est incontestable que les théâtres vraiment artistiques de la province sont dans une situation plus que difficile. Les subventions énormes accordées par les municipalités dans le but de les soutenir en sont une preuve.

Les uns attribuent cet état fâcheux à la suppression des priviléges, d'autres au contraire pensent que la liberté n'est pas encore assez complète, et ils la voudraient sans protection, sans subvention aucune. A notre sens, ni l'une ni l'autre de ces deux opinions ne nous paraît être la bonne.

Les priviléges exclusifs n'étaient plus de notre temps. Après avoir vécu 462 ans, ils devaient disparaître.

La liberté sans la protection, sans la subvention, supprime en quelque sorte la question d'art, pour ne laisser subsister que la question commerciale. Or, nous croyons fermement que le théâtre, en France, ne doit pas être seulement une industrie pure et simple, mais aussi une institution qui, tout en laissant les coudées franches à l'industrie, conserve la pureté des traditions à l'aide de scènes spéciales ayant une réglementation à part. C'est ce qui a lieu à Paris, c'est ce qui doit avoir lieu en province. Il faut une organisation d'ensemble pour les principales scènes des départements comme il en est une pour les principales scènes de la capitale.

En ce qui concerne la province, on nous dit que les subventions municipales remplissent ce but. A cela nous répondrons que les subventions municipales ne constituent pas une organisation. Les efforts tentés par les municipalités isolées sont et seront toujours variables, par conséquent infructueux. Tantôt il y aura parcimonie ou prodigalité dans les subventions qu'elles accorderont. Tantôt il y aura froideur ou exagération dans leur manière d'apprécier l'utilité d'un bon théâtre. Jamais un état fixe, durable ne sera établi par ce seul moyen.

Examinons les causes principales qui rendent difficile le maintien du genre lyrique et dramatique élevé sur les scènes de province :

1° Rareté et par conséquent prétentions exagérées des artistes interprètes ;

2° Inefficacité des secours accordés par les municipalités, quelle que soit l'importance de ces secours ;

3º Concurrence faite aux théâtres d'art par les spectacles de mauvais goût et à bon marché;

4º Impôt des pauvres qui diminue toute les recettes d'un onzième brut;

5º Le droit qu'ont les auteurs dramatiques de défendre la représentation de leurs pièces en province après qu'elles ont été représentées à Paris et publiées;

6º Absence d'une organisation générale des principales scènes départementales.

Nous allons traiter chacune de ces questions aussi succinctement que possible.

IV.

RARETÉ DES INTERPRÈTES.

« Il est bon de PERFECTIONNER le goût du chant en France (1). »   BONAPARTE.

Les chanteurs sont chers parce qu'ils sont rares; ils sont rares parce qu'on en consomme beaucoup et qu'on en produit peu. Les écoles publiques manquent à l'art du chant perfectionné plus qu'à tous les autres arts.

En dehors du conservatoire de Paris, il n'y a en France que cinq conservatoires importants érigés en succursales du conservatoire de Paris. Cela est insuffisant pour alimenter tous les théâtres. Et puisque l'on aime la musique, le chant, puisque l'on veut la prospérité de l'opéra qui use beaucoup de chanteurs, il faut en former, cela est élémentaire.

Leur prix s'abaissera de lui-même quand on trouvera, grâce à un recrutement facile, un plus large contingent de

(1) Correspondance de Napoléon Ier.

2

sujets. En un mot, il faut créer des écoles publiques et donner à l'enseignement musical l'extension nécessaire.

A ce sujet, nous croyons devoir invoquer l'opinion de Napoléon Ier. Voici ce qu'il répondait aux inspecteurs du conservatoire de Paris, récemment fondé, qui, ayant besoin de certaines partitions, lui écrivaient, alors qu'il était général en chef de l'armée d'Italie :

> « Quartier général, Milan, 8 thermidor an V
> (26 juillet 1797).

« J'ai reçu, citoyens, votre lettre du 16 messidor, avec le « mémoire qui y était joint. On s'occupe dans ce moment-ci, « dans différentes villes d'Italie, à faire copier et mettre en « état toute la musique que vous demandez.

« Croyez, je vous prie, que je mettrai le plus grand soin « à ce que vos intentions soient remplies et à enrichir le « conservatoire de ce qui pourrait lui manquer.

« De tous les beaux-arts la musique est celui qui a le « plus d'influence sur les passions, celui que le législateur « doit le plus encourager. Un morceau de musique morale « et fait de main de maître touche immanquablement le « sentiment et a beaucoup plus d'influence qu'un bon ou- « vrage de morale qui convainc la raison sans influer sur nos « habitudes (1).   BONAPARTE. »

A Sainte-Hélène, il exprimait la même pensée presque dans les mêmes termes : « La musique est de tous les arts « libéraux celui qui a le plus d'influence sur les passions, « celui que le législateur doit le plus encourager. Une can- « tate produit plus d'effet qu'un ouvrage de morale (2). »

Nous n'ignorons pas que depuis quelques années on cherche à donner un grand développement aux sociétés cho-

---

(1) *Correspondance de Napoléon Ier.*
(2) *Mémorial de Sainte-Hélène.*

rales. C'est bien ; mais il faut faire mieux encore, et, comme le disait Napoléon, « il est bon de PERFECTIONNER le goût du « chant en France. » C'est dans ce sens qu'il agissait, lorsqu'en 1803 il donnait des ordres pour faire maintenir le traitement du professeur Garat, qui lui avait adressé une réclamation contre de mesquines économies dont il était victime :

Au citoyen Chaptal, ministre de l'intérieur.

« Paris, le 30 prairial an XI (19 juin 1803).

« Le premier Consul me charge, citoyen ministre, de vous
« renvoyer la lettre ci-jointe, et de vous faire connaître qu'il
« juge convenable que le citoyen Garat ne cesse de recevoir
« le traitement dont il a joui jusqu'au 1er vendémiaire der-
« nier. Les services que le citoyen Garat a rendus à l'art
« du chant, ceux qu'il rend encore en formant des sujets
« qui sont l'espoir de nos théâtres, le talent célèbre qui le
« place à la tête de l'école française, dont il peut être con-
« sidéré comme le fondateur, sont des considérations qui ne
« vous auront point échappé. Ce sont elles qui déterminent
« les dispositions du premier Consul (1). »

« PAR ORDRE. »

On le voit, le futur Empereur plaçait haut la musique ; il voulait un enseignement sérieux et un théâtre prospère.

Sous son impulsion puissante, le conservatoire de Paris, qui venait à peine de naître, se développa et parvint rapidement au point élevé où nous le voyons depuis longtemps. Mais aujourd'hui, il ne peut suffire aux besoins que le goût toujours croissant de la musique a créés en France. Il importe donc d'étendre l'œuvre première et d'imprimer aujourd'hui à la province l'impulsion donnée autrefois à Paris par Napoléon Ier.

(1) *Correspondance de Napoléon Ier.*

V.

INEFFICACITÉ ACTUELLE DES SECOURS SUBVENTIONNELS ACCORDÉS PAR LES MUNICIPALITÉS.

> « Tel donne à pleines mains qui n'oblige personne ;
> « La façon de donner vaut mieux que ce qu'on donne. »
> CORNEILLE.
>
> « Il n'y a rien que la sagesse et la prudence doivent
> plus régler que cette portion qu'on ôte et cette
> portion qu'on laisse aux sujets. »
> MONTESQUIEU (Des revenus d'Etat).

Nous l'avons dit : les subventions accordées par les villes ne constituent pas une organisation ; aussi les sacrifices qu'elles font sont-ils le plus souvent infructueux, quoiqu'ils atteignent des proportions parfois exagérées. — Où cela s'arrêtera-t-il ? Probablement quand les villes, fatiguées de dépenser leur argent pour n'obtenir que des résultats médiocres, se lasseront et supprimeront leurs allocations. Cet avenir, dont on se préoccupe peu à Paris, où l'on ne juge pas très-bien ce qui se passe en province, cet avenir, disons-nous, est peut-être moins éloigné qu'on ne pense. Voyons en attendant quelle part font à leurs théâtres nos grandes villes des départements :

MARSEILLE, qui autrefois donnait environ 120,000 fr., en fournit actuellement 250,000.

LYON est allé de 120,000 fr. à 170,000 fr., auxquels il faut joindre le loyer gratuit des deux salles, soit un total de 250,000 fr.

BORDEAUX, qui donnait avant le décret du 6 janvier 1864 120,000 fr., fournit 200,000 fr. et la salle gratuite, soit 250,000 fr.

ROUEN donnait autrefois 140,000 fr. pour entretenir une troupe lyrique ; avec le régime actuel, on lui a demandé

200,000 fr. Cette somme étant trop considérable pour ses ressources, elle a refusé et a vu disparaître l'opéra sédentaire.

Toulouse donne aujourd'hui 112,000 fr.

RÉCAPITULATION.

Marseille.	250,000 fr.
Lyon.	250,000
Bordeaux.	250,000
Rouen (qui donnerait encore). . . .	140,000
Toulouse.	112,000
Total.	1,002,000 fr.

Cette somme de plus d'un million est prélevée sur des budgets de recettes, dont l'ensemble (recettes ordinaires) s'élève à 29,465,982 fr., soit environ un vingt-neuvième des revenus annuels, ce qui est énorme.

Dira-t-on encore aux villes de la province qu'elles sont parcimonieuses ? et osera-t-on conseiller à l'administration supérieure de peser sur les municipalités pour obtenir davantage ? Ce serait là un moyen excessif, car il pousserait les municipalités à un véritable gaspillage des deniers publics.

Examinons maintenant ce qui se passe pour les scènes impériales :

Lorsque cinq villes fournissent environ le vingt-neuvième de leurs revenus annuels pour leurs théâtres, que fournit la ville de Paris pour les siens ?

La ville de Paris, dont le budget (recettes ordinaires) s'élève à 130,197,863 fr., c'est-à-dire qui est à lui seul près de cinq fois plus considérable que celui des cinq villes réunies citées plus haut, la ville de Paris fournit pour ses théâtres la somme de..... zéro !

En bonne conscience, y a-t-il dans toute notre organisation administrative une plus choquante inégalité des charges et des avantages ?

Si du moins, à l'exemple des villes de province, la ville de Paris soutenait des théâtres municipaux, il n'y aurait pas lieu de se plaindre ; mais il n'en est rien. La ville de Paris possède, il est vrai, en toute propriété, des salles de théâtre, mais elle en fait payer les loyers aux directeurs, même au directeur d'un théâtre subventionné par l'Etat, ce qui fait qu'en réalité l'Etat solde le loyer d'un immeuble appartenant à la ville de Paris : le Théâtre-Lyrique est une preuve de ce que nous avançons ; d'une main il reçoit cent mille francs de subvention de l'Etat, de l'autre main il verse cent mille francs à la ville de Paris pour acquitter le loyer de la salle. Enfin, et pour couronner l'œuvre, la ville de Paris (qui se garde bien d'imiter quelques villes de province en faisant parfois des remises sur l'impôt des pauvres appliqué aux théâtres), la ville de Paris touche, grâce à cet impôt, une somme de quinze à seize cent mille francs par année.

Que pensent de tout cela ceux qui disent aux villes de province : Si vous voulez avoir de bons théâtres, payez-les, reconnaîtront-ils, enfin, que toute cette organisation est vicieuse et qu'il y a quelque chose de mieux à faire ?

Mais, nous répète-t-on sans cesse : Paris est une ville exceptionnelle. Soit, personne ne l'ignore, mais cela ne signifie pas que la France entière doive, pour ainsi dire, ne respirer que par sa capitale, et quoi qu'on dise, cette capitale ne saurait, sans injustice, se dispenser d'acquitter une part des dépenses qui tournent tout particulièrement à son profit.

D'ailleurs, en obligeant Paris à contribuer aux dépenses de ses théâtres, on ne ferait que rentrer dans les errements d'un passé qu'il est bon d'évoquer en faveur du présent.

En 1749, un arrêt du Conseil donne à la ville de Paris la

direction de l'Opéra, et la ville de Paris ne se dégage de cette charge qu'en 1757, après avoir payé 1,200,000 livres d'anciennes dettes de cet établissement.

En 1769, un arrêt du Conseil remet à nouveau la direction de l'Opéra à la ville de Paris, qui, en 1776, c'est-à-dire au bout de six années, avait perdu 500,000 livres.

En 1777, la ville de Paris assure à Devismes, le nouveau directeur, une subvention annuelle de 80,000 livres. Ce fut la première subvention régulière allouée à l'Opéra, et, nous prions qu'on le remarque, elle le fut par la ville de Paris.

Le 17 mars 1780, un arrêt du Conseil retira l'Opéra à la ville de Paris, en lui laissant toutefois 200,000 livres de déficit à payer et 112,000 livres de pensions viagères à servir.

En 1790, la ville de Paris reprit l'Opéra, et le bilan de l'année 1791 accuse un déficit de 627,590 livres.

Sous le premier empire, les subventions des théâtres impériaux étaient payées par le ministère de la police, qui percevait à cette époque le produit de la ferme des maisons de jeu de Paris (1).

De 1803 à 1805, ces subventions s'élevèrent, pour l'Opéra, de 800 à 950,000 fr.

Au commencement de la restauration, les recettes de la ferme des jeux furent divisées en deux parties : l'une des parties fut versée à la liste civile qui, dès ce moment, resta chargée de payer les subventions aux théâtres.

Une ordonnance, rendue le 4 août 1818, concéda à la ville de Paris le produit de la ferme des jeux, à la condition qu'elle emploirait 5,500,000 fr. à payer diverses dépenses parmi lesquelles se trouvaient les subventions aux théâtres.

Les fonds qui étaient appliqués aux subventions des théâtres

(1) Les chiffres qui suivent sont extraits d'un discours prononcé par M. d'Argout, ministre, à la Chambre des Députés. (Séance du 1er mars 1832.)

de la ville de Paris étaient donc, comme on le voit, des fonds communaux auxquels il était joint d'autres ressources.

En effet, la liste civile ajoutait une somme importante, et il y avait encore les redevances payées à l'Opéra par les autres spectacles de Paris, plus diverses gratifications telles que loyers gratuits, etc., etc.

Voici le détail de ces sommes allouées alors aux théâtres de Paris :

1° Par la ville de Paris.	1,300,000	fr.
2° Par la liste civile.	548,000	
3° Par les redevances à l'Opéra. . . .	200,000	
4° Les diverses gratifications et loyers.	352,000	
Total.	2,400,000	fr.

Telle est l'histoire du passé. Nous demandons, pour l'avenir, une situation, sinon semblable, mais analogue, obtenue par des moyens plus réguliers. — Nous nous en rapprochons.

Dans le rapport de la commission chargée d'examiner, au Corps Législatif, le projet de loi portant fixation du budget 1865, inscrit au *Moniteur* du 12 avril 1864, on lisait ce qui suit :

« Les subventions payées aux théâtres impériaux s'élèvent à 1,515,000 fr. (1). Sans en contester l'utilité, dans un moment surtout où la proclamation de la liberté des théâtres rend plus précieux pour l'art le maintien sur nos premières scènes de la pureté des genres et des bonnes traditions dramatiques, nous avons recherché, comme plusieurs de vos commissions précédentes, s'il ne serait pas juste que la ville de Paris supportât une partie de cette dépense. Les villes de province s'imposent de lourds sacrifices pour soutenir leurs théâtres. Pourquoi Paris ne contribuerait-il pas, sur les ressources de son riche budget, à subventionner ceux qui sont un des éléments les plus féconds de sa prospérité ? On n'en saurait donner, ce nous semble, une bonne raison, et les

(1) Si l'on y ajoute les loyers gratuits, les déficits annuels et divers autres avantages, on peut dire deux millions.

objections faites contre une répartition équitable de cette charge entre l'Etat et la ville de Paris, n'ont pas convaincu votre commission.

« Elle exprime donc le vœu que le gouvernement étudie sérieusement la question, et que la ville de Paris, sans s'immiscer dans l'administration des théâtres impériaux, soit appelée à concourir à leurs dépenses. »

Le samedi 21 mai 1864, le Corps Législatif eut à discuter la question en séance publique.

M. le baron Ravinel, prenant la parole, loua la sagesse de la commission qui s'était rendue l'interprète du sentiment général. Il fit ressortir le bon sens de la province, qui sait apprécier la situation spéciale de Paris, et il appuya le vœu formulé par la commission. Aucun amendement n'ayant été présenté contre le vœu de la commission, et la section du budget qui avait donné lieu à sa manifestation ayant été adoptée, le vœu s'est trouvé sanctionné par le Corps Législatif tout entier.

Qu'en est-il advenu? Rien encore; mais il faut espérer que le gouvernement, qui aime à s'inspirer des vœux exprimés par le Corps Législatif, étudiera la question, et qu'il la résoudra dans un sens favorable à l'opinion générale.

Et qui donc oserait se plaindre si Paris participait aux dépenses subventionnelles de ses théâtres? La municipalité de Paris, peut-être? Que serait pourtant pour son opulent budget la dépense de 800,000 fr. ou un million?

Ce budget (recettes ordinaires) s'élève à 130,197,853 fr., et, avec recettes extraordinaires, il atteint près de 210 millions; ce budget donne tous les ans un boni de 35 millions, boni qui, A LUI SEUL, est plus considérable que les recettes réunies des cinq plus grandes villes de province de France.

La municipalité qui possède de si grandes richesses peut-elle exiger que l'Etat, c'est-à-dire la France, paie ses plaisirs, surtout les paie entièrement? Peut-elle garder à elle seule, municipalité de Paris, tous les profits pécuniaires qu'apportent à son budget l'éclat des théâtres impériaux et laisser à l'Etat seul toutes les charges ?

Non, il n'en sera pas ainsi ; un refus absolu de la ville de Paris serait inique, et consacrerait en sa faveur une sorte de droit seigneurial aussi antipathique au pays que ridicule aux yeux des gens sensés.

Si le pays tout entier a fait sa capitale riche et grande, c'est pour qu'elle donne l'exemple de toutes les générosités, de toutes les grandeurs.

Si nous admettons que la contribution de Paris vienne alléger les dépenses actuelles de l'Etat, il devient possible de prendre les *mesures législatives* favorables à la décentralisation ; mais avant de les proposer, définissons nettement le sens, qu'en matière théâtrale, il faut attribuer au mot décentralisation.

Prétend-on par-là enlever à Paris sa haute prééminence artistique, son privilége de donner la célébrité, de consacrer les renommées ? Non, personne ne veut détruire dans l'art l'originalité et la perfection qu'y apporte l'élément parisien.

Ce que l'on désire obtenir par la décentralisation théâtrale, c'est le développement de l'élément départemental et l'existence indépendante de la province.

On l'a dit souvent, la province est une robuste et féconde nourrice qui alimente Paris. Si on la laisse végéter, Paris lui-même en souffrira. C'est un peu l'histoire des *membres et de l'estomac*. Examinez le personnel des théâtres de Paris, et vous verrez que la majeure partie des artistes qui le composent se sont formés sur les scènes départementales, qui sont des pépinières pour celles de la capitale.

Deux conditions sont nécessaires pour que la décentralisation que nous demandons produise quelques fruits. Il faut d'abord que la province redouble d'efforts pour manifester sa propre vitalité ; mais il n'est pas moins indispensable que l'Etat ne l'abandonne pas ; il faut au contraire qu'il l'encourage, qu'il la seconde comme il encourage et seconde Paris. Par ce moyen, l'Etat décuplera les forces artistiques de tout le pays, et il augmentera la richesse de Paris, ce grand centre qui est aux choses de l'intelligence ce que les fleuves sont aux ruisseaux, et ce que la mer est aux fleuves.

Voilà comment nous comprenons la bonne décentralisation. Elle féconde les provinces et Paris en profite. C'est une pensée aussi bornée qu'elle a l'air d'être grande que celle qui veut tout circonscrire à une capitale. Une question nationale ne doit pas être transformée en une question locale, et tout ce qui est grand, tout ce qui est beau ne saurait, sans ininjustice, s'abriter à l'ombre d'un seul clocher, ce clocher fût-il celui de Notre-Dame de Paris.

VI.

CONCURRENCE FAITE AUX THÉATRES D'ART PAR LES SPECTACLES DE MAUVAIS GOUT.

> « On n'admire jamais ce qui est commun
> on en jouit. »   VOLTAIRE.
> « Le tact et le goût du beau, dans la
> littérature et les arts, sont un véritable
> sens moral qui est peu commun. »

La liberté des théâtres, qui présente de notables avantages, a aussi ses inconvénients. Elle ouvre la porte à un débordement de spectacles dont quelques-uns sont d'un goût fort douteux. Grâce à elle, on consacre à la musique de singuliers temples, parmi lesquels sont les cafés-concerts. Cette invention, qui date à peine de quelques années, semble devoir être dans l'art un des traits caractéristiques de notre époque. Ceux qui respectent l'art autant qu'ils l'aiment voient avec chagrin le développement de ces établissements. Ceux qui trouvent mauvais tout ce qui est nouveau, crient à la décadence et à la dépravation du goût, mais certains progressistes, quand même, en parlent autrement.

Le café-concert satisfait, disent-ils, en même temps le sens de la vue, le sens de l'ouïe et le sens du goût. Ils n'ajoutent pas, il est vrai, qu'il ravit celui de l'odorat; mais cela peut venir.

Or, « le goût et l'odorat, » dit Lamennais, « nous rame- « nant au dedans de 'nous, et la vue et l'ouïe nous repor- « tant au dehors de nous, dans le sens propre de l'intelli- « gence qui perçoit le beau dans sa source, dans son essence « et dans son unité, » il s'ensuit que *l'art, qui est uni- quement relatif au sens de la vue et de l'ouïe,* se trouve en étrange compagnie au café-concert, où il est subordonné à la satisfaction de l'appétence matérielle.

Quoi qu'il en soit, le café-concert, ce produit du sans-gêne de nos mœurs modernes, a pris un grand accroissement, et s'il n'était soumis à certains règlements restrictifs, il ne tarderait pas à remplacer les vrais théâtres auxquels il fait déjà une rude concurrence.

On ne saurait se le dissimuler, les cafés-concerts ont de nombreux adeptes. La boisson, la pipe, la causerie facile et libre avec accompagnement de chansons plus ou moins gri-voises, forment un ensemble de grossières distractions très-courues, et qui ont des défenseurs convaincus.

Ces défenseurs soutiennent, avec une certaine raison d'actualité, que les cafés-concerts rentrent dans un ordre d'idées aujourd'hui fort à la mode et très-patronné, nous voulons parler de *l'art appliqué à l'industrie.* Il est aussi des gens qui affirment que, tels qu'ils sont constitués, musi-calement et poétiquement exploités, les cafés-concerts sont une sorte d'engrais artistique qui pourrait bien quelque jour faire éclore de riches produits.

Nous ne chercherons pas ce que peut avoir de fondé cette affirmation. En tous cas, on peut dire que ce n'est assurément pas là que se trouve l'application de la pensée de Napoléon Ier sur l'art musical qu'il plaçait si haut. L'Empereur, quand il en parlait dans les termes que nous avons cités, ne se doutait pas qu'un jour cet art serait employé comme un accessoire et un stimulant du commerce des boissons.

Mais c'est assez de regrets inutiles, inclinons-nous devant le fait accompli. Ce qui doit nous occuper, c'est de soutenir cette redoutable concurrence, soit en élevant le niveau du goût par la vulgarisation de l'instruction musicale, soit en mettant à la portée de toutes les bourses la représentation des œuvres du génie.

Que les théâtres impériaux soient rendus accessibles aux classes peu aisées, que ces classes soient enfin mises à même de choisir entre ce qui est beau et ce qui ne l'est pas, et leur choix sera bon, il n'en faut pas douter.

« Est-il juste, en effet, que les subventions votées « chaque année, et puisées dans l'impôt qui pèse sur tous « les citoyens, soient attribuées uniquement aux théâtres « accessibles à la partie de la population qui est le plus en « état de payer ses plaisirs? »

C'est ainsi, qu'en 1850, M. le conseiller d'Etat Charton, dans son rapport présenté sur un projet de loi concernant les théâtres, s'exprimait à propos de la création d'un *théâtre du peuple* (1).

Nous partageons les idées de M. Charton, sur les subventions, mais nous ne sommes point favorables à la création

(1) Conseil d'Etat. Rapport sur le projet de loi concernant les théâtres. Paris, Imprimerie nationale, mars 1850.

d'un théâtre spécial pour le peuple. Tous les théâtres impériaux doivent être aujourd'hui les théâtres du peuple, comme ils sont les théâtres de la classe aisée. Il serait donc bien qu'un certain nombre de places, à prix très-réduits, fussent établies dans tous les *théâtres impériaux* de Paris et des départements.

Napoléon Ier, qui pensait à tout, songeait à une diminution générale du prix des places, lorsqu'il écrivait cette lettre :

« Saint-Cloud , 25 août 1807 (1).

« A Monsieur Cambacérès ,

« Je vous envoie un état des billets gratis et des billets
« payants à l'Opéra, pendant le mois dernier ; cela me paraît
« énorme , faites-moi connaître le prix des différentes
« places. Ne pourrait-on pas les mettre au-dessous du prix
« des autres spectacles , et par là supprimer les billets
« gratis ?   NAPOLÉON. »

Il nous semble que l'idée de Napoléon pourrait être adoptée aujourd'hui , au moins en partie, mais non dans le sens absolu. Une diminution du prix des places ne devrait , selon nous , être pratiquée que partiellement.

Quant aux billets gratuits , on en délivre peu aujourd'hui, car les salles , à Paris , sont presque toujours pleines. Ce que nous voudrions voir établir, ce serait un certain nombre de représentations gratuites , données à diverses époques de l'année , ainsi que cela est pratiqué le 15 août.

Les théâtres impériaux subventionnés sont des musées dit-on. Hé bien ! que l'on fasse quelquefois dans ces musées ce que l'on fait à peu près tous les jours dans les musées de peinture , de sculpture , etc., etc., qu'on les ouvre gratuitement à ceux qui ne peuvent payer.

(1) *Correspondance de Napoléon Ier.*

Mais le déficit? Le déficit, on peut le combler, en supprimant l'impôt des pauvres, et en chassant la claque qui, non-seulement entre tous les jours pour rien, mais encore est payée pour entrer et applaudir.

N'est-il pas indigne que la claque soit encore autorisée dans les théâtres qui sont honorés d'un patronage auguste? Nos magistrats ont, depuis longtemps, déclaré qu'une pareille institution, *étant basée sur le mensonge et la corruption, était illicite, contraire à la morale publique et aux bonnes mœurs ;* ils ont qualifié de *honteux* le lucre produit de cette industrie! et cette industrie subsiste encore dans les théâtres impériaux!... Il est temps qu'elle en disparaisse. En échange, on pourra recevoir quelquefois de bons et braves ouvriers qui applaudiront aussi fort et avec plus d'honnêteté et d'indépendance que ne le font les admirateurs salariés.

VII.

L'IMPÔT DES PAUVRES QUI DIMINUE D'UN ONZIÈME BRUT TOUTES LES RECETTES.

> La pensée est exempte d'impôts.
> (Proverbe allemand.)

La proclamation de la liberté des théâtres a supprimé bien des abus ; mais elle a laissé subsister le plus ancien de tous, celui contre lequel on a le plus réclamé : *l'impôt des pauvres sur les spectacles.*

Malgré la faveur apparente dont son titre semble l'entourer, cet impôt est une exception dans nos lois, qui reposent toutes sur l'égalité. Il n'atteint qu'une catégorie de citoyens.

Bien que le Sénat ait eu plusieurs fois à se prononcer sur

cette question, que nous soumettons de nouveau à son appréciation, il nous semble indispensable de préparer la discussion en présentant un abrégé historique des principales phases que l'impôt des pauvres sur les spectacles a traversées depuis sa création jusqu'à ce jour.

La première idée d'une contribution prélevée sur les fêtes et les plaisirs, au profit des hospices, se rencontre dans une ordonnance de Charles VI concernant la *communauté des ménestriers* (avril 1407) : « Les ménestriers seront tenus de « demander et cueillir l'aumosne de l'hospital Saint-Julien « aux nopces où ils seront louez. »

Il est à remarquer que cette ordonnance était rendue cinq ans environ après la création des priviléges de théâtre (1402). Toutefois, observons que l'aumône n'était encore que facultative.

En 1541, une querelle s'élève entre les prêtres de la petite église Saint-Germain-des-Prés et les frères de la Passion, qui donnaient alors leurs spectacles à l'heure des offices. Le théâtre causait préjudice à l'église. Le 27 janvier 1541, un arrêt du Parlement fixa l'heure des spectacles et ordonna aux frères de la Passion de compter aux pauvres mille livres tournois, sauf à ordonner plus grande somme.

Le 25 février 1697, une ordonnance de Louis XIV dit : « Il sera levé et reçu au profit de l'hôpital général un sixième « en sus des sommes déjà prélevées. » Cette perception rencontra des difficultés qui furent aplanies par une ordonnance du 30 août 1701, prescrivant qu'il serait payé au receveur de l'hôpital le sixième de toutes les sommes qui seraient reçues, *sans aucune diminution ni retranchement.* — C'était l'impôt sur la recette brute.

Le 5 février 1717, une nouvelle ordonnance vient ajouter le prélèvement d'un neuvième au sixième déjà perçu.

La loi des 4, 5 et 6 août 1789 supprima l'impôt des

pauvres ; mais il fut rétabli en principe plus tard par la loi du 16 et 24 août 1790, qui ordonnait une redevance indéterminée et, par conséquent, impossible à percevoir.

Enfin, la loi fut nettement formulée les 7 et 29 frimaire an V. Elle ordonnait la perception d'un décime en sus du prix des places, sur tous les spectacles, ce qui équivalait au onzième de la recette brute.

Le 26 juillet 1797, l'impôt fut porté au quart de la recette brute pour tous les spectacles autres que les théâtres.

Les choses restèrent en cet état jusqu'en 1840, époque à laquelle la législation fut un peu modifiée.

Les établissements soumis à l'impôt furent alors divisés en trois classes :

1re *classe.* Tous les spectacles où se donnaient des pièces de théâtre, imposés au onzième de la recette brute.

2me *classe.* Elle comprenait les panoramas, théâtres pittoresques et mécaniques, bals publics, feux d'artifices, concerts non quotidiens, courses et exercices de chevaux, et généralement tous les lieux de réunion ou de fêtes où l'on est admis en payant. Cette deuxième classe fut imposée au quart brut de la recette. Il est vrai que bien rarement on prélevait pareille somme, l'assistance publique s'arrangeait *à l'amiable* avec ces établissements.

3me *classe.* Les concerts quotidiens qui furent assimilés aux spectacles, aux théâtres, et par conséquent imposés *seulement* au onzième brut de la recette.

Telle est en somme la loi encore en vigueur.

Voyons maintenant quelques-unes des tentatives faites pour arriver à la suppression de l'impôt.

En 1848, un arrêté du ministre de l'intérieur décida qu'à l'avenir le droit des pauvres serait réduit à un pour cent et ne serait perçu qu'après déduction faite des frais.

La régie de l'impôt des pauvres réclama, et, après divers débats, finit par obtenir gain de cause.

En 1851, une proposition fut faite par l'un des membres de l'Assemblée Législative pour atténuer la charge de cet impôt. M. Sauteyra demandait que le droit des hospices se prélevât seulement sur les bénéfices nets. C'était encore trop, puisque l'on ne prélève rien d'analogue sur les bénéfices d'aucune autre industrie.

Malgré cela, un célèbre jurisconsulte, M. Dupin, se fit le défenseur de cette contribution, qui n'est rien autre chose qne l'ancienne dîme perpétuée au détriment des œuvres de l'esprit. M. Dupin combattit la proposition de M. Sauteyra en s'appuyant sur deux arguments que nous verrons par la suite se reproduire sans cesse.

Voici ce qué disait M. Dupin :

1° C'est un impôt sur le plaisir au profit des indigents ;

2° L'impôt s'ajoute au prix des places, il est en sus. Ce n'est pas l'entrepreneur qui est imposé... c'est le spectateur.

Ces arguments, tout au plus spécieux, furent goûtés par l'Assemblée Législative de 1851, et l'impôt fut maintenu.

Le 28 février 1863, une pétition présentée au Sénat par un directeur de théâtre pour demander l'abolition de l'impôt, fut repoussée à l'aide des deux arguments de M. Dupin, invoqués par M. Amédée Thierry.

Depuis le décret du 6 janvier 1864, qui a proclamé la liberté des théâtres, l'impôt a été attaqué de nouveau, mais sans plus de succès... Bien mieux, les billets d'auteur, qui jusque-là avaient toujours échappé à la perception, devinrent l'objet de réclamations de la part de l'assistance publique. Les auteurs résistèrent et un long débat judiciaire s'ensuivit.

Pendant l'instance, la presse s'occupait activement de la

question, si bien qu'un article du journal l'*Opinion nationale*, publié le 25 janvier 1864, fut suivi d'un long *commu-
niqué* émané du ministère de l'intérieur.

L'argumentation de cette pièce officielle était toujours celle
de M. Dupin :

« L'impôt perçu au profit des pauvres, à l'entrée des théâtres, n'est
pas, comme le donne à penser l'auteur de l'article, une charge de l'entreprise ; il est établi sur le spectateur. »

Le 25 février 1864, le conseil de préfecture de la Seine,
devant lequel avait été porté le débat soulevé à propos des
billets d'auteur, rendit son arrêté.

Les auteurs furent déboutés et condamnés aux dépens. Le
conseil de préfecture disait dans ses considérants :

« Qu'on ne saurait regarder cette perception comme un impôt grevant
les entreprises théâtrales ;

« Qu'il s'agit d'une taxe imposée au spectateur en *sus* et **en** dehors du
prix par lui payé pour obtenir son entrée au spectacle (1) ;

« Que si les directeurs perçoivent eux-mêmes cette taxe, ils ne font
cette perception qu'au nom et pour le compte de l'administration charitable à laquelle ils doivent en verser les produits, en exécution de l'arrêté du 29 frimaire an V. »

Voilà donc qui est bien défini. Les directeurs de spectacles
sont chaque soir transformés en fonctionnaires publics, en
percepteurs gratuits des contributions. Puis, l'impôt prélevé
sur le consommateur ne porte pas préjudice au vendeur,
quoique augmentant d'un dixième le prix de vente.

Mais à quelles déductions nous entraînent forcément de
pareilles doctrines ?

A poser en principe :

« 1° Que le plaisir est imposé au profit de la bienfaisance
et que par suite tous les plaisirs sont imposables ;

(1) Nous ferons observer que tous les impôts sont perçus en sus du prix
de la chose imposée et que ce ne saurait être par là que la raison d'être
d'un impôt se justifie.

2° Que nul n'a le droit de s'en plaindre puisque ce n'est pas le vendeur de plaisir qui paie l'impôt, mais seulement l'acheteur, le consommateur de plaisir (1).

Mais, à ce compte-là, il serait permis de proposer un projet de loi plus charitable à lui seul que tout ce qui a été fait en ce sens jusqu'à présent.

Art. premier et unique. — Tous les plaisirs, quels qu'ils soient, acquis à prix d'argent, seront imposés au profit des pauvres et des hospices, et tous les consommateurs paieront un onzième en sus du prix que leur coûteront ces plaisirs.

Comme on le voit, c'est bien simple ; il ne reste plus maintenant qu'un tout petit travail, lequel consiste à faire la désignation des plaisirs ! Est-ce possible ? Essayons d'en donner seulement l'idée pratique, et procédons par ordre alphabétique afin de ne point froisser les susceptibilités de préséance en matière aussi sérieuse :

Antiquités, plaisir des yeux ;

Artificiers, plaisir des yeux ;

Bijouterie, plaisir de la vanité ;

Billard, plaisir du jeu ;

Broderies, plaisir de la coquetterie ;

Cafetiers, plaisir de la gourmandise ;

Cartes à jouer, plaisir du jeu ;

Chevaux de luxe, plaisir d'orgueilleuse locomotion ;

Comestibles de luxe, plaisir de la gourmandise ;

Confiseur, plaisir de la gourmandise ;

Costumier, plaisir de la mascarade ;

Débit de liqueurs, plaisir de l'abrutissement.

(1) Et quand l'acheteur aura été trompé dans son attente, quand il n'aura pas eu de plaisir, lui remboursera-t-on l'impôt ? En termes légaux : sera-t-il dégrevé ? Non, il aura payé pour un plaisir, s'il s'est ennuyé tant pis pour lui !

L'on pourrait aller ainsi jusqu'à la fin de l'alphabet, englober presque toutes les industries, et déclarer que tous les acquéreurs paieraient un onzième en sus de leur prix d'acquisition.

Voilà une loi qui donnerait des revenus aux indigents et parviendrait à l'extinction du paupérisme, si toutefois elle ne changeait pas les pauvres en riches et les riches en pauvres.

Mais une loi pareille paralyserait l'essor d'une foule d'industries, en augmentant ainsi le prix de vente! Erreur, répondrait la nouvelle loi; ici, comme au spectacle, ce ne serait point le vendeur, mais le consommateur qui paierait; sa recette resterait distincte de celle des pauvres, c'est le consommateur qui solderait la perception.

Il faudra donc que chaque marchand montre ses livres à l'administration de l'assistance publique? Evidemment. Mais, dira-t-on, c'est une véritable inquisition! c'est l'impôt sur le revenu!

Nullement. Ce n'est que l'impôt des pauvres tel qu'il est appliqué aux plaisirs que donne l'industrie libre des spectacles.

On nous demandera encore par quel produit on remplacerait cet impôt s'il était supprimé?

A-t-on soulevé cette difficulté lorsqu'on a supprimé l'impôt sur les voitures et sur les chevaux? Non. Que l'on fasse de même pour l'art théâtral.

Mais les bureaux de bienfaisance, les hospices, l'assistance publique vont s'écrier : « Et nos pauvres ? »

La réplique nous est encore plus facile :

Les pauvres doivent, pour leur dotation, figurer au budget de l'Etat et aux budgets des communes; mais l'impôt nécessaire pour y faire face ne doit pas être spécialement mis à la charge d'une catégorie d'individus plutôt que de toutes les

autres. En un mot, la dotation des pauvres doit être suppor-
tée par tous les contribuables de l'empire, et en conséquence,
reportée au budget de l'Etat et des communes.

Espérons donc que, dans un avenir prochain, on verra disparaître cette dîme, dernier reste de l'ancien régime, per-
pétué au préjudice des travaux de l'esprit, qui ont plus besoin
de protection que d'imposition. — Et quel préjudice? On en
jugera par des chiffres.

En 1861, l'impôt des pauvres a produit, dans Paris,
1,580,560 fr. 44 c. ; dans la même année, les théâtres n'ont
acquitté, pour les droits de tous les auteurs réunis, que
1,282,376 fr. 05 c.

En province, c'est encore pire : quand les auteurs touchent
600 fr., — l'impôt des pauvres en perçoit 1,000!

L'origine de l'impôt des pauvres sur les spectacles, est
presque aussi ancienne que celle des priviléges. Les priviléges
ont disparu, l'impôt doit disparaître de même ; c'est une conséquence forcée, et l'opinion, qui est une puissance, s'est
manifestée de manière à faire présager que bientôt cette
question sera résolue dans un sens favorable à la libre industrie
du théâtre, décrétée par Napoléon III (1).

(1) Il y a un an divers journaux publiaient l'opinion exprimée sur le même
sujet, par M. Rouher, ministre d'Etat. — Il ne nous a pas semblé convenable
de faire entrer cette publication dans le corps même de notre pétition ;
cependant, nous avons cru pouvoir la reproduire dans notre appendice, à titre
de renseignement.

VIII.

DU DROIT QU'ONT LES AUTEURS D'INTERDIRE LA REPRÉSENTATION
DE LEURS PIÈCES EN PROVINCE, APRÈS QU'ELLES ONT ÉTÉ
REPRÉSENTÉES A PARIS ET PUBLIÉES.

> « La propriété intellectuelle n'existe qu'en se communiquant. En se communiquant, elle s'aliène en partie, pour ainsi dire. On doit avancer qu'elle n'a pas de forme absolue et qu'elle ne peut être garantie que dans les limites fixées par la loi civile. » VILLEMAIN.
>
> « Quand on abuse de la liberté pour rendre les tributs excessifs, elle dégénère en servitude, et l'on est obligé de diminuer les tributs. » MONTESQUIEU.
> (*De l'esprit des lois.*)

Nous avons à parler ici de l'exercice d'un droit qui, bien que déjà ancien, n'avait pas encore été mis en pratique, mais qui présentement se produit et semble vouloir se généraliser, aux dépens des scènes départementales et de la liberté des théâtres largement comprise.

MM. les auteurs, se fondant sur la loi du 13 janvier 1791, qui leur donne le droit de permettre ou de défendre, *dans toute l'étendue de la France,* la représentation de leurs ouvrages à qui bon leur semble, choisissent tels ou tels directeurs et leur accordent des autorisations exclusives de représentation, qui deviennent de véritables mises en interdit pour les autres directeurs. Ces priviléges d'un nouveau genre sont accordés et mis en exercice le plus souvent sans cause réellement valable, et surtout sans que les auteurs se préoccupent des conditions particulières à l'existence des théâtres de la province, car il ne s'agit ici que de la province.

La presse, et notamment la presse spéciale, s'étant longuement occupée de la question, des procès ayant été engagés, des jugements ayant été rendus, des appels étant interjetés, il nous a paru utile de porter la question devant le Sénat, afin d'amener une solution, et de mettre un terme à des abus de propriété préjudiciables à de nombreux intérêts, y compris l'intérêt de l'art et celui du public.

Pour élucider le débat, il nous a semblé nécessaire d'examiner la loi elle-même, et notamment les circonstances dans lesquelles elle a été décrétée. Nous nous sommes donc reportés au rapport qui a précédé cette loi, et c'est par quelques extraits de ce même rapport que nous commençons notre étude.

Voici comment s'exprimait M. Chapelier, rapporteur du comité de constitution à l'Assemblée Nationale (1) :

« M. CHAPELIER : Vous avez chargé votre comité de constitution de vous rendre compte de la pétition des auteurs dramatiques, et par ce renvoi vous avez semblé préjuger la question qui vous est soumise. Elle tient réellement aux principes de la liberté et de la propriété publique ; elle doit être décidée par ces principes. Les auteurs dramatiques demandent la destruction du privilége exclusif qui place dans la capitale un théatre unique, où sont forcés de s'adresser tous ceux qui ont composé des tragédies ou des comédies d'un genre élevé ; ils demandent que les comédiens attachés à ce théâtre ne soient plus ni par le droit, ni par le fait, les possesseurs exclusifs des chefs d'œuvre qui ont illustré la scène française ; et en sollicitant pour les auteurs, leurs héritiers ou leurs cessionnaires, la propriété la plus entière de leurs ouvrages pendant leur vie et cinq ans après leur mort, ils reconnaissent et même ils invoquent les droits du public, et ils n'hésitent pas à avouer qu'après ce délai de cinq ans, les ouvrages des auteurs sont une propriété publique. »

Telle était en somme la pétition des auteurs.

Les comédiens français, de leur côté, convenaient qu'il ne devait plus exister de priviléges exclusifs, mais ils prétendaient être propriétaires sans partage des chefs-d'œuvre de Corneille, Racine, Molière, Crébillon et autres, et de tous

____
(1) Séance du 13 janvier 1791.

les auteurs qui, par la disposition d'un règlement, avaient, suivant les comédiens, perdu leur propriété, ou qui, sous la loi du privilége exclusif, avaient traité avec eux.

« Tel est le débat, disait Chapelier, que vous devez terminer par une loi générale sur les spectacles, sur la propriété des auteurs et sur la durée qu'elle doit avoir. »

Après de longues et remarquables considérations favorables à la libre concurrence des spectacles et contraires à la prétention des comédiens français, qui voulaient détenir la propriété des auteurs morts joués sur leur théâtre, Chapelier disait :

« Il reste maintenant à examiner la propriété des pièces des auteurs morts et de ceux qui sont vivants. C'est à la gravité de l'Assemblée que nous rendons hommage en posant quelques principes à cet égard.

« La plus sacrée, la plus légitime, la plus inattaquable et, si je puis parler ainsi, la plus personnelle de toutes les propriétés, est l'ouvrage, fruit de la pensée d'un écrivain; cependant c'est une propriété d'un genre tout différent des autres propriétés. Lorsqu'un auteur fait imprimer un ouvrage ou représenter une pièce, il les livre au public, qui s'en empare quand ils sont bons, qui les lit, qui les apprend, qui les répète, qui s'en pénètre et qui en fait sa propriété. »

Voilà qui est très-libéral; il semble même que, dès ce moment, l'écrivain a associé le public à sa propriété, ou plutôt la lui a transmise tout entière.

Le rapporteur Chapelier, ajoutait :

« Il semble que, par la nature des choses, tout soit fini pour l'auteur et pour l'éditeur quand le public s'est de cette manière saisi de sa production ; cependant on a considéré qu'il était juste de faire jouir un auteur de son travail et de lui conserver pendant sa vie et à ses héritiers, quelques années après sa mort, le droit de disposer de l'ouvrage. Mais c'est une exception qui, dans notre ancien régime, était consacrée par des priviléges royaux ; qui, en Angleterre, est l'objet d'un acte tutélaire ; qui, dans notre nouvelle législation, sera l'objet d'une loi positive, et cela sera beaucoup plus sage. Sortez du principe ; mettez l'exception à la place, et vous n'avez plus de base pour votre législation, et vous mé·

connaissez qu'un ouvrage publié est de sa nature une propriété publique ! Quoi ! parce que les devanciers des comédiens français ont acquis le droit de jouer les œuvres de Corneille, Racine et Molière, aucune troupe ne pourra réciter ces chefs-d'œuvre ? Tous les imprimeurs peuvent à leur gré imprimer et vendre ces pièces, et il ne sera pas permis de les débiter ; il y aura quelques hommes qui auront le droit exclusif de les représenter à Paris ! »

Dans tout ce qui précède, il règne un esprit éminemment artistique et libéral ; mais cela s'applique surtout aux œuvres des auteurs morts, alors qu'elles tombent dans le domaine public, et point aux auteurs vivants. Voyons comment le rapport s'exprime en ce qui concerne ces derniers :

« Quant aux auteurs vivants, ils doivent être placés dans trois classes : ceux qui, pour une certaine somme, ont cédé aux comédiens le droit de jouer leur ouvrage ; ceux qui, victimes d'un règlement absurbe autant qu'injuste, se sont trouvés privés du droit de disposer à leur gré de leur propriété. Tous demandent qu'en conservant religieusement les actes que quelques-uns ont passés, mais n'ayant point égard à vos règlements bien illégaux et bien abusifs, on consacre le droit de leur propriété, de telle manière qu'aucune troupe de comédiens ne puisse jouer leurs pièces sans leur consentement.

« Les comédiens sont pour les auteurs dramatiques ce que les imprimeurs et les libraires sont pour les écrivains ; les uns et les autres transmettent au public les pensées des hommes de génie, à cette différence près que les comédiens sont bornés à l'enceinte du théâtre sur lequel ils jouent, tandis que les autres n'ont que le monde pour limite. Il serait libre à un auteur de céder sa pièce ou son ouvrage à une troupe de comédiens ou à un libraire et de mettre ceux ci à sa place, de telle sorte que la propriété fût totalement aliénée ; mais celui qui n'a fait que vendre le droit de jouer sa pièce sur tel théâtre n'est point dépouillé de sa propriété ; il peut encore accorder la même permission à une autre troupe. Il ne viole point sont contrat, car il n'a donné son consentement qu'à ce que sa pièce fût jouée par telle troupe de comédiens. »

Le rapport s'occupe ensuite de la catégorie des auteurs qui avaient été soumis à un règlement, et il demande la destruction de ce règlement ; puis il ajoute :

« Telles sont les raisons qui nous décident pour la pétition des auteurs dramatiques. L'intérêt des comédiens eût été d'y consentir et de se joindre aux auteurs pour solliciter notre décret. Leur existence, leur établissement tout formé, leurs talents, l'habitude du public leur répondent qu'avec quelques efforts ils auront un avantage décidé sur leurs concurrents ; ils seront à la place où ils doivent être, encourageant les productions littéraires par les charmes dont ils les parent ; jouissant de leurs talents, que l'infériorité de leurs émules fera davantage ressortir ; formant des contrats libres avec les auteurs, et cessant d'être des usurpateurs pour devenir des propriétaires, affranchis enfin de ce servage avilissant pour les arts, et n'étant plus que sous l'inspection des magistrats du peuple. »

Il est évident que tout ce qui précède a été conçu en vue de Paris principalement. Quant à la province, le rapport n'en dit que quelques mots, alors qu'il traite des effets que devra moralement produire le régime de la liberté, soit à Paris, soit en province :

« Si, quand les théâtres auront pris un air de liberté, quand ils seront épurés par son régime sévère, ils seront très-fréquentés, les spectacles ne se multiplieront pas. A Paris, l'esprit patriotique les animera ; il fera périr ces théâtres forains, que le goût et la vertu réprouvent également.

Si l'honorable rapporteur Chapelier pouvait voir ce qui a lieu aujourd'hui, il se convaincrait que ses prévisions étaient un peu hasardées, car le goût et la vertu ne sont pas précisément les éléments de tous les spectacles libres que nous voyons à Paris.

« Quant aux provinces, ajoutait il, nous qui les habitons, nous savons que moins qu'à Paris les spectacles sont dangereux, parce que nos mœurs sont plus sévères qu'à Paris, et que pour nous plaire on n'oserait y hasarder des scènes licencieuses. Une troupe établie dans une petite ville trouve à peine des spectateurs pendant un mois. La faculté d'élever des théâtres ne peut être exercée que dans les très-grandes villes ; les théâtres y sont indispensables. »

Il faut en rabattre encore du rapport de Chapelier, car

aujourd'hui on hasarde en province tout ce qu'on hasarde à Paris.

Les théâtres sont indispensables dans les grandes villes, ajoute-t-il. En effet, aujourd'hui il s'y en élève beaucoup de nouveaux; mais que vont-ils devenir en présence du privilége d'interdiction des auteurs? La loi de 1791 n'avait pas prévu le cas, cela est de toute évidence. La province est bien mise en cause, puisque la loi donne le droit aux auteurs d'interdire leurs pièces *dans toute l'étendue de la France;* mais la loi a négligé les conditions spéciales auxquelles y est soumise l'existence même des théâtres pour lesquels les auteurs ne composent pas les pièces exclusivement.

Nous croyons donc qu'il y a lieu présentement et à nouveau d'étudier la question du droit de représentation en province des pièces jouées à Paris et publiées. Nous croyons même que cette étude est indispensable, puisqu'il s'agit de voir ce que peut produire ce droit de vie et de mort qu'ont les auteurs sur tous les théâtres de province.

Et d'abord voyons la loi :

« *Décret des 13 et 19 janvier 1791, art.* 3. — Les ouvrages des auteurs vivants ne pourront être représentés sur aucun théâtre, dans toute l'étendue de la France, sans le consentement formel et par écrit des auteurs, sous peine de confiscation du produit total de représentation au profit des auteurs. »

Pendant les quinze années de liberté théâtrale qui suivirent la proclamation de la loi de 1791, les auteurs ne songèrent pas à interdire les représentations de leurs ouvrages à tels ou tels théâtres de la province. Si l'on peut citer, de la part d'un ou deux auteurs isolés, une défense de ce genre, concernant *une* de leurs pièces, nous ne croyons pas qu'il soit également possible de prouver qu'un seul théâtre de province se soit vu, à cette époque, l'objet d'une interdiction générale formulée contre lui par plusieurs auteurs ensemble. Il est vrai que les auteurs agissaient alors tous en particulier pour la direction de leurs intérêts.

En 1829 et en 1837 seulement, les auteurs formèrent une société pour défendre collectivement leurs droits. Cette société subsiste toujours ; quelques auteurs seulement n'en font pas partie.

Les auteurs de pièces représentées doivent être classés en deux catégories distinctes : 1° les auteurs dont les ouvrages sont, par leur ancienneté, tombés dans le domaine public ; 2° les auteurs vivants ou leurs héritiers ayant tous droits sur leur propriété, tant que la limite du domaine public n'est pas atteinte.

Les pièces du domaine public appartiennent à tout le monde ; on peut les représenter librement sur tous les théâtres, et la loi n'admet personne à se les approprier.

Voyons maintenant comment les théâtres de Paris et les théâtres de la province alimentent leurs représentations de pièces en dehors du domaine public.

Il y a deux espèces bien différentes dans la représentation d'une pièce d'auteur vivant : il y a Paris et la province. Il nous semble donc indispensable d'établir une distinction, car les théâtres de la capitale et ceux des départements reposent sur des conditions dissemblables d'existence.

A Paris, les pièces sont faites spécialement pour chaque théâtre dont elles forment le répertoire exclusif. Il doit en être ainsi : il est de toute équité qu'un auteur qui écrit une pièce pour un théâtre donne à ce théâtre le droit exclusif de représenter cet ouvrage, qui a été livré et reçu alors qu'il était inédit :

« L'auteur qui a fait représenter sa pièce à un théâtre de Paris, prend l'engagement par cela seul de ne susciter à ce théâtre aucune concurrence qui puisse lui être préjudiciable. C'est sur la foi de cet engagement

que le directeur met la pièce en répétition, fait des frais de costumes et
de décors, dont il doit espérer se couvrir, et avec bénéfice, par le produit
des représentations (1). »

En province il n'en est pas ainsi. Sauf de très-rares excep-
tions, les auteurs n'écrivent jamais en vue de tel ou tel théâtre
de province. Ces théâtres n'ont pas et ne peuvent pas avoir un
répertoire exclusif et fait pour chacun d'eux. Leur répertoire,
qui doit être aussi varié, aussi renouvelé que le public se re-
nouvelle peu, se compose des pièces représentées sur les
divers théâtres de Paris, qui sont les pourvoyeurs de leurs
frères de la province. Les directeurs de ces derniers n'ont
généralement la possibilité de monter les pièces qu'après
qu'elles ont été publiées, et, par conséquent, peuvent être
lues par tout le monde.

C'est après la lecture de la brochure, et d'après le retentissement du succès parisien, que les directeurs de province se
décident à monter les pièces. Si l'auteur se préoccupe du
sort de sa pièce en province, ce n'est que d'une manière
secondaire; il ne va pas dans chaque ville donner ses avis,
ses conseils, ses soins; en un mot, il n'agit personnellement
en rien lorsque la pièce est montée en province, tandis qu'il
fait tout pour la première représentation à Paris. Il est donc
certain que la situation de Paris et la situation de la province,
en matière théâtrale, sont essentiellement différentes. Et
pourtant les auteurs veulent aujourd'hui assimiler, en quelque sorte, les divers théâtres d'une même ville à ceux des
théâtres de Paris, en leur imposant des restrictions ana-
logues. Mais alors, et pour être logique, il faudrait que chaque
ville eût autant de théâtres qu'il y en a dans Paris. On nous
répond que, sans aller jusque-là, les auteurs voudraient que
dans chaque ville il y eût le théâtre d'opéra et le théâtre littéraire. C'est fort bien; mais le genre littéraire se subdivise

(1) *Législation des théâtres.* Adolphe Lacan et Charles Paulmier.

lui-même en diverses espèces, on n'en saurait disconvenir, et en somme, ce seraient les mêmes artistes qui, sur les mêmes théâtres, interpréteraient les pièces du genre élevé et les pièces grivoises ou burlesques. La classification des genres que les auteurs disent vouloir établir pour justifier les mesures restrictives qu'ils appliquent en ce moment, ne serait donc pas réalisable en fait. D'ailleurs, pourquoi exiger cette classification en province ? C'est assez qu'elle existe à Paris. Que la province soit laissée libre d'agir à sa guise, personne n'y perdra. C'est du moins notre avis ; mais comme ce n'est pas celui d'un assez grand nombre d'auteurs, il importe de les combattre et de leur prouver qu'ils ont tort.

Sous l'empire de la loi des priviléges, alors qu'il n'y avait qu'un seul directeur pour tous les théâtres d'une même ville, lui seul avait qualité pour traiter avec les auteurs. Cela se faisait simplement par l'entremise de leur société. De cette façon, les auteurs ne pouvaient pas favoriser telle ou telle scène d'une même ville au préjudice de telle autre, en accordant des droits exclusifs de représentation.

Sous le nouveau régime de la liberté, c'est tout autre chose : les auteurs peuvent choisir entre les différents théâtres d'une même ville, et n'accorder aucune autorisation à ceux qui n'ont pas leur préférence. Il résulte de cela qu'un homme qui veut se faire directeur doit, préalablement à toutes choses, traiter personnellement et par écrit, c'est la loi, avec messieurs les auteurs. Autrement il pourrait lui arriver de voir son entreprise frappée d'immobilité. Par suite encore, la municipalité d'une ville qui serait disposée à subventionner devrait d'abord s'assurer que le directeur qu'elle désire favoriser a en mains des traités passés particulièrement avec tous les auteurs. Sans cela, la subvention ne servirait qu'à la seule exploitation des pièces tombées dans le domaine public, ce qui formerait un répertoire trop borné pour motiver une subvention.

S'il ne s'agissait pour le directeur que d'obtenir l'autorisation de représenter les pièces des auteurs vivants, moyennant le paiement des droits pécuniaires que messieurs les auteurs prélèvent sur chaque représentation de leurs ouvrages, rien de mieux, et dans ce cas un traité passé avec la société qui les représente suffirait ; mais il s'agit de bien autre chose.

Il s'agit pour un directeur habile d'accaparer à son profit le droit exclusif de jouer seul, dans une ville, tous les ouvrages littéraires de tous genres, représentés sur les divers théâtres de Paris. Ce directeur ne pourra pas y parvenir complétement, cela est certain, vu le nombre de pièces à jouer. N'importe. Pour lui, il s'agit bien plus encore d'empêcher ses voisins de faire que de s'obliger à faire tout lui-même.

Une fois un traité de ce genre conclu entre le directeur d'un théâtre d'une ville et une soixantaine d'auteurs en vogue, tous les autres théâtres de la même ville se trouveront paralysés dans leur action et frappés, en quelque sorte, d'interdiction. Il faudra fermer ou végéter. Par suite, le public sera privé de voir les pièces qu'il plaira au directeur favorisé de ne pas jouer, ou qu'il ne pourra pas jouer, quoiqu'il ait sollicité et obtenu le droit exclusif de les jouer toutes. Quant aux auteurs, ils seront eux-mêmes victimes du droit absolu qu'ils auront concédé, sans compter que l'art n'y gagnera rien, au contraire. En somme, il est incontestable que tout cela est déraisonnable, oppressif et absurde, comme le sont toutes les choses absolues. C'est l'accaparement, c'est-à-dire le plus odieux de tous les abus de la propriété.

Et que devient la liberté des théâtres décrétée par Napoléon III, aussi bien pour la province que pour Paris ? Elle existe toujours, dit-on ; oui, mais elle est à la discrétion des auteurs ; et, en réalité, les priviléges exclusifs subsistent encore, seulement ils sont passés des mains de l'Etat, qui voit de haut, aux mains des auteurs, qui sont guidés par les fantaisies de leur volonté personnelle. C'est ainsi que nous avons vu un théâtre subventionné par des deniers municipaux être privé de répertoire nouveau et réduit à une sorte d'inanition. Le directeur du théâtre ainsi persécuté voulut un jour braver la défense qui lui avait été signifiée par son concurrent, c'est-à-dire faire représenter une des pièces qui lui étaient interdites. Son concurrent fit saisir la recette, le poursuivit devant les tribunaux et le fit condamner à l'amende, à des dommages-intérêts, à la confiscation de la recette et aux dépens, le tout par corps.

Pendant ce temps, la municipalité subventionnait le théâtre saisi et le directeur condamné.

Mais s'il doit en être ainsi, que les municipalités cessent donc de subventionner. Que les théâtres soient assimilés à toutes les boutiques possibles, et que l'Etat et les villes ne s'en préoccupent pas autrement qu'ils ne se préoccupent des autres maisons de commerce où se débitent toutes denrées. Que les lettres et les arts, s'ils ne veulent être que des métiers, ne s'adressent plus qu'à eux-mêmes, qu'ils vendent leurs marchandises à leur guise ; mais qu'ils cessent toutes demandes d'appui et de secours faites aux autorités qui représentent le pays, qu'ils trafiquent librement de leurs productions, sans protection, sans renommée, sans retentissement, sans garantie du gouvernement, et que la gloire qu'on attache aux œuvres de l'esprit soit mise au niveau de celle qui est dévolue aux produits d'une fabrique de moutarde, de calicot ou de toute autre marchandise non moins utile.

Telles sont les réflexions nouvelles que font naître les actes d'exclusivisme et les prétentions mercantiles des auteurs. Seulement, l'intérêt général ne veut pas qu'il en soit ainsi, nous le prouverons ; en attendant, poursuivons l'examen des faits.

Dans certaines villes, des théâtres nouveaux qui voulaient

s'établir ont été entravés, et ne sont parvenus à entrer en activité qu'après mille et mille difficultés.

Il est arrivé encore que des consentements de jouer leurs pièces n'ont été donnés par les auteurs vivants, ou du moins par leur société, qu'à la condition étrange qu'il serait perçu au profit de cette société des droits pécuniaires sur les représentations composées de pièces tombées dans le domaine public, c'est-à-dire écrites par des auteurs morts depuis longtemps !

Est-ce assez excessif ? et a-t-on jamais vu exigence plus injuste ? toucher une rémunération sur ce que l'on n'a pas fait, sur ce que la loi et le temps ont placé dans le domaine de tout le monde !

Autre exigence : s'il est représenté une pièce n'appartenant pas aux auteurs faisant partie de la société, cette dernière touche néanmoins la totalité de son tarif de droits sur la recette. Quant à l'auteur dissident, il s'arrange comme il peut, il se fait payer en sus par le directeur, dont les dépenses concernant les droits d'auteurs sont ainsi doublées.

Et s'il arrivait que deux spectacles tout entiers fussent composés, l'un de pièces tombées dans le domaine public, l'autre de pièces écrites par des auteurs étrangers à la société, la société toucherait tout de même l'intégralité de son tarif de droits sur les deux recettes ? Franchement, cela est plus qu'abusif.

Mais en vertu de quoi pareille perception est-elle exercée, puisque la loi ne l'autorise pas ? En vertu des conditions imposées aux directeurs par la Société des Auteurs, sous peine d'interdit, c'est-à-dire de privation de toutes pièces nouvelles. C'est à prendre ou à laisser.

Le tarif des droits d'auteurs établi par la Société des Auteurs est en général pour les théâtres de province de 6 p. 100 sur la recette brute. Que ce tarif de 6 p. 100 soit

appliqué aux spectacles composés de pièces écrites par des
membres de la Société des Auteurs, nous comprenons cela.
C'est le droit exercé par le vendeur vis-à-vis de l'acheteur,
sur livraison ; mais que ce droit fixe de 6 p. 100 soit maintenu au profit de la Société des Auteurs sur des spectacles
composés, soit en partie, soit en totalité, de pièces appartenant à diverses catégories d'ayants droit, à titres différents
des siens, voilà ce que nous ne comprendrons jamais, voilà
ce qui est excessif et tourne à l'oppression.

Si un directeur voulait ne jouer sur son théâtre que des
ouvrages tombés dans le domaine public, les auteurs vivants
n'auraient certainement rien à y voir, mais comme cela serait
insuffisant, comme les directeurs, dans l'intérêt de l'art, du
public, aussi bien que de la recette, doivent entremêler le
passé et le présent, il faut forcément qu'ils traitent avec le
présent, et le présent, c'est-à-dire les auteurs vivants, n'au-
torisent la représentation de leurs pièces qu'aux conditions
ci-dessus énoncées, conditions dont le but est : 1° d'anéantir
en fait la loi du domaine public en confisquant ce domaine à
leur profit ; 2° d'amener les directeurs à jouer exclusivement
les pièces de la société en les obligeant à débourser double
paiement chaque fois qu'ils s'adressent, pour varier leurs
spectacles, à d'autres auteurs qu'aux membres de la société.
— C'est ici le cas de répéter les paroles de Montesquieu :
« Quand on abuse de la liberté pour rendre les tributs exces-
« sifs, elle dégénère en servitude, et l'on est obligé de dimi-
« nuer les tributs. »

Ces quelques mots renferment la conduite des auteurs et
de leur société, et, de plus, ils indiquent les conséquences
qui doivent en découler. Les auteurs, en ce moment, abusent
de la liberté ; ils réduisent certains directeurs de théâtre à la
servitude, et ils diminuent eux-mêmes leurs revenus. Non-
seulement ils abusent de la liberté, mais ils abusent aussi

de la propriété. Et c'est pour le coup que Proudhon vivant eût pu s'écrier : « La propriété, c'est le vol. »

Nous laissons au célèbre publiciste la responsabilité de son expression ; cependant nous croyons qu'il nous est permis de poser quelques questions à MM. les auteurs.

Qu'est-ce que recevoir un prix sur une chose qui ne vous appartient pas ? En d'autres termes, que font les auteurs quand ils bénéficient des pièces du domaine public ou des auteurs étrangers à leur société ?

Comment qualifier une société qui livre contre une somme d'argent ce qu'elle dit lui appartenir, c'est-à-dire le droit de représentation, à la condition qu'on lui paiera à prix égal ce qui n'est pas son bien ? C'est pourtant ce qu'elle fait en imposant aux directeurs avec qui elle traite un droit de 6 0/0, *quelle que soit la composition du spectacle.*

Que signifient les actes qu'elle passe au nom de ses mandants, alors que ces mêmes mandants gardent la faculté de défaire ce qu'elle a fait, en empêchant la représentation des pièces que la société a par ainsi faussement autorisée ? Car, de deux choses l'une : ou la société a le droit d'autoriser la représentation, ou elle ne l'a pas.

Si elle ne l'a pas, si ce qu'elle donne peut devenir illusoire, comment se fait-il qu'elle réclame 6 0/0 sur toutes les recettes ?

Si elle est réellement autorisée par ses mandants à fixer un tarif, comment se fait-il que ses mandants puissent traiter en dehors d'elle et exiger des directeurs 7 0/0 pour la représentation de leurs pièces ?

Et si tous les auteurs, usant de ce qui semble être leur droit en dehors de la société, réclamaient tous particulièrement 7 0/0, que resterait-il des traités passés entre les directeurs et la société ? Il ne resterait, en réalité, que l'obligation pour les directeurs de payer 6 0/0 sur les pièces du

domaine public et sur celles des auteurs ne faisant pas partie
de la société. Cela peut être fort habile, mais c'est d'une
loyauté douteuse.

Il a été jugé tout récemment, il est vrai, par le tribunal
correctionnel de Rouen, que la Société des Auteurs n'était
qu'une société de perception. Mais alors pourquoi traite-t-elle
à d'autres titres? En vertu de quoi fixe-t-elle des tarifs que
ses membres modifient? Quelle qualité a-t-elle pour imposer
une contribution à son profit sur le domaine public, alors
que ce qu'elle donne en échange est illusoire? A-t-elle donc
pour mission de donner à boire dans un verre vide aux directeurs? Se créer le droit de toujours prendre en réservant à
ses membres celui de ne rien donner est-il son but?

Qu'on réponde si l'on peut; mais, quoi qu'on puisse dire,
cette façon d'exploiter la propriété constitue un ensemble de
faits qui blesse les plus simples notions du droit moral. Tout
y est si excessif, si contradictoire, si abusif et si illusoire, que
l'on est forcément amené à trouver qu'il y règne une bonne
foi vraiment trop élastique. Et l'on se demande s'ils seraient
trop sévères les juges qui y trouveraient la marque qui caractérise le dol?

Dans l'intérêt de la dignité de la Société dés Auteurs,
comme dans celui des auteurs, nous aimons mieux croire
que tout ceci n'est que le résultat de mesures trop inconsi-
dérément prises, et dont on n'avait pas prévu les fâcheuses
conséquences.

Mais nous n'en croyons pas moins qu'il est temps de poser
sur la propriété des œuvres de théâtre des droits moins
léonins, et de faire une loi qui mette un terme à des abus
regrettables à tous égards.

Sous aucun prétexte, il ne devrait être permis ou possible
aux auteurs vivants faisant partie de la société de prélever
un droit sur les ouvrages qui ne sont pas les leurs, ou qui

sont tombés dans le domaine public ; cela est contraire à l'équité et à l'honnêteté.

Mais comment parvenir à faire une loi qui soit aussi juste qu'elle est actuellement nécessaire et désirée ?

Il n'y faut pas songer tant que les auteurs pourront interdire en province la représentation de leurs pièces jouées à Paris, et publiées.

L'interdit, qui est aujourd'hui leur droit, sera toujours leur arme sans cesse menaçante. « Acceptez toutes nos condi-« tions, diront-ils aux directeurs récalcitrants, ou plus de « pièces nouvelles. »

Il y a donc lieu d'aviser d'abord à empêcher cet interdit, qui, dans l'espèce, s'appliquant à des établissements qui ont un caractère public, est un véritable abus de la propriété particulière par rapport au bien général. Qu'un auteur isolé, dans certains cas particuliers, puisse interdire sa pièce dans une ville, cela est concevable ; mais du moment que dix, quinze, trente, cinquante auteurs agissent ensemble dans le même sens contre une administration en faveur de telle autre, il y a coalition, non point coalition pour améliorer, mais pour entraver, paralyser et tuer.

Que les auteurs y réfléchissent : ils compromettent gravement les bons effets de la sollicitude légitime qui, depuis le commencement de notre première révolution, s'est attachée à eux et à la propriété de leurs œuvres. Et pour peu qu'ils continuent l'exercice de leur système oppressif, ils deviendront tout juste aussi intéressants et aussi sympathiques que le sont les mauvais propriétaires.

Nous écartons avec soin de cette étude toute allusion personnelle à tels ou tels directeurs ou auteurs ; ce qui nous préoccupe, c'est le principe du droit établi et ses conséquences actuelles ou futures. C'est une réforme que nous appelons, parce que nous la croyons d'un intérêt général.

Les théâtres, par leur nature même, sont d'une utilité publique. Leurs directeurs doivent incontestablement respecter les droits des auteurs ; mais à leur tour les auteurs ne doivent pas être admis à pouvoir asservir les directeurs à des exigences telles, que ruine et fermeture des théâtres puissent s'ensuivre.

L'art, le public, les auteurs et les directeurs ont tous des droits égaux à la bienveillante sollicitude du législateur. C'est au législateur qu'il appartient d'établir, par de sages mesures, une pondération qui maintienne la bonne harmonie entre ces divers intérêts qui, sous aucun prétexte, pour aucun motif ne doivent s'absorber l'un par l'autre.

Or, il n'en est pas ainsi actuellement en province, où un trop grand nombre d'auteurs font un si singulier usage de leur droit de propriété, que, dans diverses localités, le public, les directeurs et l'art sont réduits à un véritable état de marasme. Restrictions de répertoire imposées aux directeurs, diminution dans le nombre de pièces offertes au public, par suite appel fait à tous les spectacles possibles, quelle qu'en soit la nature, forment un ensemble de situation qui, dans certaines villes, porte atteinte aux directeurs, au public et à l'art théâtral.

L'avenir est-il plus riant ? Non. Les théâtres de province pourront d'année en année être arrêtés dans le cours de leur exploitation si les directeurs oublient de renouveler leurs nombreux traités particuliers avec les auteurs, et lors même qu'ils ne commettraient pas cet oubli, seront-ils assurés qu'on voudra bien renouveler ces traités d'où dépend leur existence commerciale ? Non. Leur perplexité sera donc de tous les instants, car les auteurs tiendront continuellement l'épée de Damoclès, c'est-à-dire l'interdiction, suspendue sur leur tête. Remplis d'embarras dans le présent comme sans sécurité dans l'avenir, ces directeurs ne pourront rien prévoir, rien combiner, rien organiser ; ils seront paralysés dans leur action, et en un mot : vivre au jour le jour sera leur seul partage. — En bonne conscience, une entreprise sérieuse est-elle possible dans de telles conditions ?

Selon nous, il ne devrait pas plus être possible à l'auteur qui a livré son œuvre au public de l'en priver ensuite, qu'il n'est possible au propriétaire d'une terre de supprimer cette terre de la masse du globe.

Il y a là pour la chose intellectuelle un principe auquel il ne devrait être dérogé que dans certains cas exceptionnels, ayant pour cause des raisons purement personnelles, et auxquelles le lucre serait étranger.

Que l'auteur tire profit de son œuvre, rien de plus juste, mais qu'il empêche tel ou tel d'en jouir, en payant, après qu'elle a été publiée, nous semble être un excès.

L'auteur qui, après publication d'une pièce à Paris, choisit ses directeurs pour la faire représenter en province, nous paraît aussi peu raisonnablement fondé que le serait un directeur de spectacle qui voudrait choisir ses spectateurs. Une salle est ouverte, tout le monde a le droit d'y entrer en payant. Une œuvre littéraire est publiée, tout le monde a le droit de la lire, tout le monde a le droit de la représenter sur un théâtre, si c'est une pièce de théâtre, toujours en payant, cela va sans dire. Il ne saurait y avoir d'exception absolue que dans la ville où la pièce a été jouée pour la première fois, c'est-à-dire créée, parce que là il est juste de compter avec le directeur qui a risqué les premiers frais de représentation, alors que la pièce était inédite, ce qui n'est pas le cas ordinaire de la province.

Les théâtres de la province ne sauraient être subordonnés à tous les caprices inhérents aux volontés multiples des auteurs qui, par là, seraient en fait les maîtres absolus de l'existence de tous les théâtres de la province, QUOIQU'ILS N'ÉCRIVENT JAMAIS POUR LA PROVINCE.

Mais, nous dit-on, les auteurs donneront leur préférence aux théâtres de province qui auront les meilleures troupes. Ceci serait en effet une raison, sinon absolue, du moins digne d'égards, si les auteurs voyaient, connaissaient les troupes de la province. Mais, outre que ces troupes se renouvellent tous les ans et parfois plus souvent encore, messieurs les auteurs, qui habitent presque tous Paris, iront-ils apprécier *de visu* le mérite des troupes de Marseille, Bordeaux, Lyon, Toulouse, Lille, Rouen, etc., etc, et cela tous les ans, pour savoir à quels directeurs ils donneront le droit exclusif de jouer leurs pièces? Non certainement. Par contre, quels seront les directeurs qui oseront former de bonnes troupes, sans avoir préalablement contracté avec les auteurs? — Ces deux conditions se combattent, c'est un dédale; mais c'est la loi de 1791.

On répond à cela que nous exagérons, qu'il n'en sera pas ainsi, que les auteurs n'agiront pas toujours avec la même rigueur. Nous n'en savons rien. D'ailleurs, il ne s'agit pas de savoir ce que les auteurs feront; mais de ce qu'ils font, et auront le droit de faire. Déjà de nombreux procès sont engagés; il y a eu des jugements, il y a des appels; la question est grosse de menaces contre la sécurité d'un grand nombre de scènes départementales; tout le monde le comprend ainsi, et il ne faut pas s'étonner d'entendre beaucoup de gens avancer que cette question-là pourrait bien, à elle seule, faire rapporter le décret du 6 janvier 1864, du moins en ce qui concerne la province, où les priviléges seraient remis en vigueur.

Sans nous arrêter à cette perspective extrême, voyons si vraiment l'esprit qui a présidé à la confection de la loi est bien celui qu'on lui prête aujourd'hui.

A l'époque où elle fut faite, les auteurs agissaient tous isolément pour sauvegarder leurs intérêts; ils avaient grand'peine à recouvrer leurs droits d'auteurs, la perception de ces droits était difficile ; elle était en butte aux manœuvres plus ou moins loyales des directeurs de province , dont quelques-uns cherchaient à se soustraire au tribut légitimement réclamé par les auteurs représentés ; telle était la vraie situation.

Dans le dessein de faire cesser cet état de chose inique, le législateur aura voulu armer les auteurs d'un pouvoir considérable en disant : « Les pièces des auteurs vivants ne pourront être représentées dans toute l'étendue de la France sans le consentement formel des auteurs, sous peine de confiscation de la recette. » Mais il n'est pas possible de croire que le législateur ait voulu, au nom de la liberté, conférer aux auteurs le droit excessif de pouvoir à leur volonté mettre l'interdit sur les théâtres. Cette mesure extrême de l'interdit pourrait se justifier si les directeurs se refusaient au paiement des droits d'auteurs ; mais alors que les directeurs remplissent régulièrement cette obligation, un interdit est sans cause valable. Il n'est plus autre chose qu'un caprice autocratique, qu'un abus de la force reposant sur un droit excessif.

Comment croire que le législateur, qui, par la loi du 13 janvier 1791, proclamait la liberté des théâtres, aurait été placer dans cette même loi un article qui en aurait annihilé les effets ? Comment supposer que l'Assemblée Nationale, ultra-libérale de 1791, aurait décrété la liberté des théâtres pour la mettre à la merci d'une catégorie de citoyens, pour en faire le privilége exclusif des auteurs ? C'eût été un non-sens qu'il n'est pas plus logique d'admettre aujourd'hui qu'il ne fut admis il y a soixante-quatorze ans.

Il est donc certain, que les auteurs, en interprétant la loi de 1791, comme ils le font aujourd'hui, en faussent complétement l'esprit.

Par malheur, la lettre même de cette loi prête à une interprétation qui permet d'en équivoquer le sens véritable. C'est précisément pour cela qu'il nous paraît utile que cette loi soit revisée. Il faut qu'une réglementation, vraiment libérale et non autocratique, sauvegarde en même temps l'intérêt des auteurs, l'intérêt des directeurs, l'intérêt des acteurs, l'intérêt de l'art et celui du public.

La loi de 1791 n'est pas immuable; la preuve, c'est que, sauf l'article 3, sur lequel les auteurs se fondent aujourd'hui, tous les autres articles qui la composaient ont été modifiés depuis longtemps. D'où nous concluons qu'on peut aussi modifier l'article 3.

On va nous accuser de porter atteinte à la propriété intellectuelle en demandant qu'elle soit soumise à une réglementation faite en vue du bien général, autant qu'elle l'est en vue du bien particulier des auteurs. Ce reproche serait immérité, car nous ne demandons pour la propriété intellectuelle que ce qui existe pour toutes les propriétés établies à la surface de ce monde. Tout ici-bas est et doit être réglementé par l'ordre, qui est la véritable garantie de la propriété et aussi de la liberté.

La propriété, selon le droit romain, se définit ainsi : « Le domaine est le droit d'user et d'abuser de la chose autant que la raison le souffre. » La définition française revient à celle-là : « La propriété est le droit de jouir et de disposer des choses de la manière la plus absolue, pourvu qu'on n'en fasse pas un usage prohibé par les lois et par les règlements. »

Prenons le droit romain, qui est le plus étendu, puisqu'il dit : abuser.

Abuser, soit; mais à la condition que l'on ne fera tort qu'à soi. Si en mettant le feu à sa maison, on brûle celle du voisin, on sera répréhensible et responsable. D'où nous concluons que si les auteurs suppriment à volonté toutes les pièces en vue desquelles on a construit des théâtres, ils nuiront à ces théâtres. De même l'on nuirait aux auteurs si l'on supprimait les théâtres en vue desquels ils composent des pièces. Tout se tient dans notre ordre social et dans notre civilisation. C'est la réciprocité des devoirs et des droits qui en fait l'harmonie. L'indépendance absolue telle que l'entendent certains sophistes qui se prétendent libéraux, n'existe que chez les peuplades sauvages où tout se règle par l'absolutisme de la violence et de la force.

Le droit de la propriété intellectuelle est sacré, nous le reconnaissons, nous l'avons dit, nous le répétons; mais il ne doit pas être plus absolu que tout autre droit, et Proudhon a proclamé une grande vérité lorsqu'il a dit :

« L'homme n'a pas plus le droit d'abuser de ses facultés que la société de sa force. »

Par analogie, nous disons : Les auteurs dramatiques n'ont pas plus le droit de supprimer leurs pièces, qui sont faites pour les théâtres, que la société n'a le droit de supprimer les théâtres, qui sont faits pour les pièces. Le principe de la mutualité ne saurait être méconnu sans qu'il en résultât un désordre général.

« L'œuvre de l'écrivain, dit encore l'illustre penseur, est, comme la récolte du paysan, *un produit*. Remontant aux principes de cette production, nous arrivons à deux termes de la combinaison desquels est résulté le produit : d'un côté le travail, de l'autre un fonds qui, pour le cultivateur, est le monde physique, la terre ; pour l'homme de lettres, le monde intellectuel, l'esprit... Je m'empare de la distinction si nettement établie entre le *produit* agricole et la PROPRIÉTÉ foncière, et je dis : Je vois bien, en ce qui concerne l'écrivain, le produit; mais où en est la propriété? où peut-elle être? sur quels fonds allons-nous l'établir? allons-nous partager le monde de l'esprit à l'instar du monde terrestre ?

« La question de propriété, étrangère à une idée de rémunération quelconque, une fois écartée du débat, que reste-t-il? La question beaucoup plus modeste des *droits d'auteurs*. »

Que ceux qui nous accuseront d'attenter à la propriété intellectuelle méditent ces paroles, et ils se convaincront que nous somme dans le vrai, dans le juste, en soutenant que les auteurs qui ont publié leurs pièces sont mal fondés en voulant conserver sur elles des droits illimités et excessifs.

A diverses reprises on s'est occupé, depuis 1791, de faire une loi générale sur la propriété intellectuelle. En 1825, en 1837, des projets furent étudiés et proposés aux assemblées délibérantes, mais ils n'aboutirent pas à une solution, ce qui est fort regrettable. En 1841, le ministre de l'instruction publique, M. Villemain, présentait à la Chambre des Députés un projet de loi que nous n'analyserons pas ici, car il fut l'objet d'une discussion qui ne prit pas moins de quinze séances, et qui n'aboutit pas plus que les précédents. Qu'importe? Une loi n'en est pas moins nécessaire aujourd'hui que les auteurs se placent dans le faux, soit au point de vue de l'art, soit au point de vue de leurs propres intérêts, soit au point de vue de la liberté qu'ils ont eux-mêmes sollicitée. — Oui, ils sont dans le faux, même en ce qui concerne leur considération professionnelle; car, en se prêtant aux vues purement spéculatives des directeurs accapareurs, ils faillissent à la dignité de leur profession, qui doit rester une profession libérale, tout en pouvant mener parfois à la fortune. Eux et le législateur ne s'auraient s'affranchir de suivre les principes que voici et qui doivent servir de base à la loi nouvelle que nous demandons.

« Dans les sciences comme dans les arts, les progrès ne
« peuvent s'opérer que par la vulgarisation des œuvres indi-
« viduelles ; d'un autre côté, à la différence des autres pro-
« priétés qui se concentrent généralement dans les mains
« de leurs possesseurs, il est de la nature même des ou-
« vrages littéraires de se répandre dans le public, de se
« livrer, par la volonté même de l'auteur, au domaine com-

« mun de la pensée, et de créer ainsi à leur apparition une
« sorte d'association entre l'auteur qui publie son œuvre et
« le public qui la reçoit (1). »

En somme, plus les ouvrages sont représentés, plus ils se
popularisent, plus ils rapportent aux auteurs par la perception de tant pour cent sur les recettes qu'ils produisent, plus
l'émulation pousse les divers théâtres en concurrence à se
surpasser dans l'exécution de l'œuvre, et plus aussi les intérêts réels des auteurs sont sauvegardés en ce qu'ils ont de
respectable. Vouloir exiger autre chose, c'est vouloir trans-
former en loi pour ainsi dire draconnienne la loi protectrice
que le législateur de 1791 avait cru décréter seulement en
faveur des droits légitimement dus aux œuvres de l'esprit.

La question qui s'agite doit, selon nous, se résumer
ainsi :

Est-il bien que l'existence de tous les théâtres de province dépende des volontés plus ou moins variables des
auteurs ?

Tous ces établissements, qui ont un caractère public, doivent-ils être subordonnés à l'action privée et absolue d'une
catégorie de particuliers qui, par la publication de leurs
œuvres, ont formé un pacte social avec le public même ?

Les auteurs vivants doivent-ils prélever un lucre sur les
pièces du domaine public ?

Nous ne pensons pas qu'il doive en être ainsi : une institution aussi considérable que l'est celle du théâtre en France,
et à laquelle se rattachent tant d'intérêts divers, doit reposer sur des bases moins mobiles. Si les théâtres ne peuvent
vivre sans les auteurs, les auteurs ont également besoin des
théâtres. Il y a là un droit moral de réciprocité qui ne saurait
pas plus être contesté que méconnu et abandonné.

----

(1) *Législation des Théâtres.* Adolphe Lacan et Charles Poulmier.

Dans l'intérêt du public, des auteurs, des directeurs, des théâtres, des lettres et des arts, ce droit moral doit être converti en un droit légal.

Par toutes ces considérations, nous demandons que l'art. 3 de la loi du 13 janvier 1791 soit revisé dans le sens que voici, ou dans un sens analogue :

Les pièces de théâtre montées et jouées pour la première fois, c'est-à-dire créées sur un théâtre d'une ville quelconque, notamment à Paris, ne pourront être représentées sur aucun théâtre de la même ville sans le consentement des auteurs.

Quand une pièce de théâtre déjà représentée dans une ville aura été publiée, elle pourra être montée librement sur tous les théâtres des villes autres que celle où elle aura été créée, à la charge par les directeurs de se conformer aux perceptions indiquées par les auteurs.

Néanmoins, un auteur pourra toujours retirer une de ses pièces, ou même toutes ses pièces, de la représentation, mais à la condition que ce retrait sera général, sauf le cas où un contrat contraire aura été passé avec le directeur qui aura monté la pièce alors qu'elle était inédite.

Il sera formellement défendu aux auteurs de se coaliser pour mettre l'interdit sur un théâtre dont le directeur ne se refusera pas à acquitter les droits de perception.

Il sera expressément interdit à toute société d'auteurs vivants d'exercer l'application entière de son tarif de perception sur des spectacles composés de pièces appartenant au domaine public et aux auteurs vivants. Dans ce cas, il ne sera attribué aux auteurs vivants qu'un droit proportionnel au nombre d'actes représentés conjointement à celles qu'ils n'ont pas écrites.

Il sera défendu aux auteurs vivants de réclamer une rétribution .quelconque sur les spectacles composés en entier de pièces tombées dans le domaine public.

Toutes ces défenses seront applicables à tous les auteurs vivants, soit qu'ils agissent isolément, soit qu'ils agissent collectivement.

Tel est en somme notre projet. Si, contre notre désir, les choses étaient laissées en l'état actuel, il ne nous resterait plus qu'à dire aux auteurs :

« Vous ne voulez pas laisser libre la liberté que vous avez été les premiers à solliciter, vous voulez en être les arbitres souverains, vous voulez vous l'approprier, vous voulez en faire votre chose exclusive, exploitable au profit de vos seuls intérêts mercantiles : soit; mais voici ce qui vous arrivera : Votre société, qui, en principe, est votre meilleure et plus grande force, sera dissoute par vous-mêmes, en résultat de vos exigences exagérées. Par suite, la perception de vos droits sera moins régulière, moins facile, plus dispendieuse. Vous asservirez, il est vrai, les directeurs à des tributs effrénés ; mais par tous les moyens possibles, ils chercheront à s'y soustraire, ou ils succomberont. N'importe ; vous poursuivrez votre œuvre absolue, vous abuserez de plus en plus de cette liberté que vous avez demandée pour en faire votre bien exclusif ; en un mot, vous établirez la servitude des théâtres jusqu'à ce qu'ils deviennent, pour ainsi dire, impossibles.

C'est alors que se réaliseront contre vous les célèbres paroles de Montesquieu :

« Quand on abuse de la liberté pour rendre les tributs « excessifs, elle dégénère en servitude, et l'on est obligé de « diminuer les tributs. »

« Telle est la conséquence inévitable, forcée, qui résultera de vos excès. D'abord les tributs que vous prélevez diminueront, puis ils s'anéantiront, et vous serez obligés d'en revenir à une liberté sage dont vous n'auriez jamais dû vous écarter, ou bien encore vous serez la cause du rétablissement de la loi des priviléges en province, et la province dira, peut-être : Ainsi soit-il. »

IX.

NÉCESSITÉ D'UNE ORGANISATION GÉNÉRALE DES PRINCIPALES SCÈNES DÉPARTEMENTALES.

> « La liberté est un principe fécond,
> mais pour qu'elle produise ce qu'elle peut
> et doit produire, il faut l'organiser (1). »

Si l'art théâtral se maintient à un niveau élevé à Paris, on le doit à l'organisation des théâtres impériaux. Si l'art théâtral est en décadence dans les provinces, c'est que nulle organisation régulière n'y est établie.

Une organisation analogue à celle qui soutient l'art à Paris, doit être établie dans les principaux centres de la province.

Cette organisation empruntera le concours simultané des villes et de l'Etat.

Nous ne partageons pas l'opinion qui repousse l'intervention de l'Etat sous prétexte de plus grande liberté.

Les manufactures de Sèvres, des Gobelins, sont soutenues par l'Etat, et la liberté industrielle des fabricants de porcelaine et des fabricants de tapis n'en est pas gênée le moins du monde.

Le collége de France, les lycées, l'école des Beaux-Arts, le conservatoire des Arts-et-Métiers, le conservatoire de

----

(1) Conseil d'Etat. Enquête sur les théâtres. Paris, imprimerie nationale, décembre 1849.

musique sont également soutenus par l'Etat, et cela n'empêche personne de s'instruire à sa guise dans toutes les
branches de l'intelligence.

Les musées de peinture, de sculpture, les bibliothèques
rentrent dans le même ordre de faits, et personne n'y voit
une entrave au commerce des marchands de tableaux, de
statues et des libraires.

C'est dans l'intérêt général qu'intervient ici l'organisation
par l'Etat, c'est pour le bien de tous que l'Etat emploie la
bourse de tous. Il entretient les monuments historiques épars
sur toute la surface de l'empire ; il fait des présents aux
musées, aux bibliothèques de la province comme il en fait aux
musées et aux bibliothèques de Paris. En un mot, sa main
répand partout ses bienfaits, et toutes les institutions en
profitent.

· Le théâtre en province est seul excepté de cette juste protection. — Il y a là une lacune regrettable qu'il importe de
combler. Le théâtre a une immense influence sur le langage,
sur le goût, sur les mœurs, et l'on peut avancer que là où
les spectacles sont dans un état de décadence et de dépravation, le goût de la population se pervertit et se déprave.
Il faut donc à tout prix établir de bons théâtres.

Les priviléges étaient pour les théâtres de la province une
véritable organisation, mais une organisation vicieuse en principe, puisqu'elle excluait la liberté. La liberté décrétée le
6 janvier 1864 est un bienfait, mais un bienfait auquel il
manque le corollaire indispensable d'une bonne organisation
sans laquelle on n'obtiendra jamais que le désordre.

On cherche bien à réagir contre la situation actuelle à
grands coups de subvention. Par malheur, ces subventions
vont s'engloutir sans grands résultats dans les établissements
de consommation qui sont les théâtres, tandis que l'on ne
fait rien en faveur des établissements de production qui sont

les conservatoires. De là, ce manque d'équilibre qui, de tout temps, a entravé la marche des théâtres en province.

On a dit souvent qu'une organisation des principaux théâtres de la province était chose impossible. Il eût été plus juste d'affirmer que jamais on n'avait rien réalisé en ce sens, absolument rien.

Les scènes départementales ont toujours été abandonnées à elles-mêmes, se tirant d'affaire comme elles pouvaient, et succombant le plus souvent sous des sinistres dont l'énumération remplirait un volume.

Pour remédier à ce déplorable état de choses, quelles mesures conservatrices l'Etat a-t-il jamais prises, et cela sous tous les régimes? Aucune qui fût capable d'amener une amélioration réelle. On a donné des conseils, lancé des circulaires stériles, fait des règlements de police, mais accordé quelques secours ou organisé quelque chose de spécial; jamais.

La réforme de cette situation est le but que nous poursuivons.

———

X.

ORGANISATION DES SCÈNES DÉPARTEMENTALES.

L'organisation que nous proposons a deux objets principaux : fonder les théâtres impériaux et les conservatoires de la province.

L'Etat devra subventionner les *théâtres impériaux* de la province pour un tiers ; les villes devront fournir les deux autres tiers.

L'Etat n'accordera sa subvention qu'autant que les villes qui voudront en bénéficier fonderont à leurs frais des conservatoires érigés en succursales du conservatoire impérial de Paris.

Le crédit ouvert pour faire face à la dépense des *théâtres impériaux* de la province sera imputé sur la somme laissée libre par la participation de la ville de Paris à la dépense des théâtres impériaux de la capitale.

Ces dépenses montent à 1,600,000 fr., la ville de Paris en fournissant la moitié, c'est 800,000 fr. à porter à l'avoir de l'Etat.

Les subventions fournies en espèces par toutes les villes de province ne dépassant pas un total de 1,600,000 fr., l'Etat pourra fournir le tiers demandé, soit 800,000 fr., sans augmenter ses dépenses.

Alors on verra s'établir : 1° d'une part, par l'Etat et les villes, les *théâtres impériaux* de la province ; 2° par les villes, d'autre part, les conservatoires de la province. Et ces deux institutions ne tarderont pas à régénérer et à développer le véritable art théâtral en France.

Objections à prévoir.

On pourra objecter qu'il ne serait pas sage de pousser les villes, n'ayant que de faibles revenus, à faire pour l'art théâtral des dépenses qui emploieraient des ressources nécessaires à des services plus utiles.

L'administration aurait donc à décider sur ce point, en prenant pour base d'appréciation la population et le budget des villes.

On pourrait ajouter encore une autre objection : Si les villes prises d'un accès exagéré, quoique peu probable, de générosité, venaient à augmenter outre mesure leurs allocations, l'Etat les suivrait-il dans cette voie ?

L'on peut et l'on doit parer d'avance à cette éventualité

par une application de la loi du 18 juillet 1837, sur l'administration municipale (1).

Selon nous, toute ville serait laissée libre de subventionner ou de ne pas subventionner; mais il lui serait interdit de dépasser, en faveur de ses théâtres, un chiffre de tant pour cent sur son budget de recette. Par ce moyen, l'Etat poserait les bornes d'un sage maximum de dépenses et en même temps classerait les théâtres des villes suivant l'ordre de leurs ressources; ce qui, soit dit en passant, réglementerait, en quelque sorte, les exigences souvent disproportionnées du public.

Pour résumer l'ensemble de nos idées, rendre notre argumentation plus saisissante et exprimer nettement nos demandes, nous allons conclure en donnant à notre projet la forme d'un projet de loi.

XI.

FONDATION DES THÉATRES IMPÉRIAUX ET DES CONSERVATOIRES DE LA PROVINCE.

Art. 1er. — Un *théâtre impérial* serait fondé dans chaque ville qui fournirait une subvention à ce théâtre et fonderait un conservatoire de musique vocale et instrumentale et de déclamation.

Art. 2. — Pour encourager cette double fondation artistique, l'Etat fournirait une somme équivalente à la moitié de ce que fournirait chaque ville pour soutenir un *théâtre impérial*.

(1) Titre III, art. 36. — Les dépenses proposées au budget d'une commune peuvent être rejetées par l'ordonnance du roi ou par l'arrêté du préfet qui règle ce budget.

Art. 3. — La ville de Paris prendrait à sa charge la moitié des subventions de ses théâtres impériaux, ce qui laisserait à l'Etat une somme de 800,000 fr., que, par un simple virement de fonds, il appliquerait aux théâtres impériaux de la province.

Art. 4. — Les *théâtres impériaux* de la province pourraient jouer tous les genres; mais ils seraient obligés à représenter l'opéra, l'opéra-comique, la comédie et des pièces choisies parmi celles qui sont représentées sur tous les théâtres impériaux de la capitale.

Art. 5. — Dans tous les théâtres impériaux il serait donné plusieurs fois dans l'année des représentations gratuites composées des meilleurs ouvrages du répertoire.

Art. 6. — Sur la réquisition du ministre de la maison de l'Empereur et des beaux-arts, les directeurs des *théâtres impériaux* de la province, à qui la demande en serait faite, seraient tenus de monter dans l'année un opéra inédit composé par un prix de Rome, dont aucun ouvrage n'aurait encore été représenté à Paris.

Toutefois, le directeur désigné ne serait pas chargé de fournir le libretto au compositeur, lequel devrait présenter son ouvrage achevé et prêt à être mis à l'étude.

Art. 7. — Comme il importe au progrès de l'art musical que la protection ne s'étende pas seulement à l'opéra, les *théâtres impériaux* de la province seraient tenus de donner plusieurs concerts, dans lesquels seraient exécutées, avec le plus grand soin, les symphonies des grands maîtres (1).

Art. 8. — Dans tous les *théâtres impériaux* de la pro-

(1) Ces œuvres magistrales du génie ne doivent pas rester inconnues aux populations dont elles élèveraient le goût. Démocratiser le beau la meilleure manière de combattre loyalement l'existence de ce qui est mauvais.

vince, les appointements *annuels* des musiciens d'orchestre, des choristes, seraient déterminés par les municipalités, payés par les directeurs et garantis par la subvention (1).

Art. 9. — Les subventions serviraient encore à acquérir la musique et les pièces, qui resteraient la propriété de chaque ville et formeraient ainsi des bibliothèques utiles à l'instruction artistique des habitants.

Art. 10. — Il ne serait pas interdit au directeur du *théâtre impérial* d'une ville d'administrer d'autres théâtres établis dans la même ville (2).

Art. 11. — L'article 3 de la loi du 13 janvier 1791 serait revisé de manière à ce que, tout en sauvegardant ce qu'il y a de respectable dans les droits des auteurs, ces auteurs ne soient pas érigés en maîtres absolus de l'existence des théâtres de la province dont ils profitent, et pour lesquels ils n'écrivent jamais spécialement. Le caractère public de ces établissements doit les placer à l'abri de toute coalition pouvant causer leur fermeture et par suite amener des désordres, qu'à tous les points de vue il importe de prévenir.

Art. 12. — L'impôt des pauvres sur les spectacles serait supprimé pour être reporté au budget de l'Etat et des communes.

---

(1) Tous ces artistes, indispensables à la bonne interprétation des œuvres, et qui sont peu rétribués, doivent être placés à l'abri des éventualités de perte et des économies mesquines des directeurs.

(2) Cela n'est pas pratiqué à Paris ; mais il importe qu'il n'en soit pas de même en province, où les conditions de vitalité des théâtres sont différentes. Cette faculté de gérer plusieurs théâtres, laissée au directeur du théâtre impérial de chaque ville, lui permettrait de mieux soutenir toutes les concurrences, sans entraver la marche de l'art, et lui offrirait l'éventualité de bénéfices qui viendraient d'autant alléger les charges du *théâtre impérial*.

Maintien de la liberté, progrès généraux réalisés partout, par la double protection de l'Etat et des villes, POINT DE DÉPENSES NOUVELLES POUR L'ÉTAT, tels seraient les résultats qu'on obtiendrait par l'organisation que nous proposons et pour laquelle nous sollicitons la haute approbation du Sénat.

Je suis avec respect, Messieurs les Sénateurs, votre très-humble et très-obéissant serviteur.

MALLIOT,

Professeur et compositeur de Musique à Rouen,

Ancien élève pensionnaire de l'Etat à l'école Choron et au Conservatoire impérial de Musique.

Janvier 1866.

APPENDICE

APPENDICE

———❦———

PIÈCES JUSTIFICATIVES ET RENSEIGNEMENTS.

Première pétition au Sénat, déposée le 12 janvier 1865, inscrite sous le n° 170, et rapportée dans la séance du 7 juillet 1865.

MESSIEURS LES SÉNATEURS,

Plein de confiance dans la haute bienveillance accordée par le Sénat aux pétitions qui lui sont adressées, je viens très-respectueusement soumettre à son examen éclairé un projet dont l'unique but est le bien et le beau de l'art théâtral en France.

EXPOSÉ.

L'initiative libérale de l'Empereur a mis un terme à l'ère des priviléges de théâtres qui existait depuis 162 ans.

Cette mesure a été accueillie avec reconnaissance par les artistes et par tous ceux qui savent comprendre ce que peut produire la liberté sagement mise en œuvre.

L'art et l'industrie sont aujourd'hui en présence, tous deux doivent subsister; mais il importe qu'ils ne puissent se nuire. Il faut au contraire qu'ils prêtent un appui simultané à l'essor du progrès.

L'Empereur a parfaitement compris cette double action, lorsqu'en même temps qu'il décrétait la liberté, il proclamait le système des subventions.

Les subventions attribuées aux théâtres impériaux de la capitale, par l'Etat, ont été maintenues.

Les subventions de la province ont été laissées à la discrétion des municipalités.

D'une part : subvention déterminée et non locale.

D'autre part : subvention locale, mais facultative.

Qu'est-il arrivé?

A Paris, toute la partie artistique représentée par les théâtres impériaux est restée saine et debout. De plus, et grâce à la liberté, l'industrie a fait de louables efforts qui, déjà, produisent des résultats heureux.

En province, il en a été autrement; rien de régulier n'a été fait.

Là, les municipalités ont augmenté le chiffre des allocations, afin de mettre l'art en état de lutter avec la concurrence, et plus encore avec le mauvais goût.

Ailleurs, les municipalités ne voulant pas grever leur budget outre mesure et, de plus, jugeant impuissants à soutenir dignement l'art théâtral les secours qu'elles avaient accordés jusquelà, les ont supprimés, soit en parte, soit même en totalité.

Dans ces dernières villes, qui peut-être auront des imitatrices, l'industrie théâtrale est devenue maîtresse absolue du terrain et elle n'a épargné aucun moyen pour réaliser des bénéfices sans se préoccuper de l'art.

Les pièces dénuées de valeur artistique ont fait invasion. Les drames à crimes, les vaudevilles libres, les niaises féeries à trucs, les exhibitions de femmes sans talent ont été exploités pour surexciter le appétits peu délicats. L'opéra a disparu pour faire place aux banalités musicales, comme il y a trente ans le vers tragique a fait place à la prose déclamatoire, et la belle musique est menacée de subir le même sort que les beaux vers. Enfin les contingents des orchestres et des chœurs ont été dispersés, et les artistes qui les composaient ont été réduits à chercher fortune dans un métier quelconque pour échapper à la misère.

Ce tableau de la situation actuelle des théâtres de plusieurs villes est douloureux, mais j'ose espérer que son exactitude me fera pardonner de l'avoir placé sous les yeux du Sénat.

Il faut le reconnaître, la foule est accourue à ces spectacles mauvais qui égarent son esprit. Mais chaque jour aussi les gens de goût désertent les théâtres; ils se retirent affligés et se demandent avec anxiété si cet état de choses devra durer longtemps encore.*

Il va sans dire que les ennemis de la liberté lui imputent cette décadence de la province. Leur erreur est profonde.

La situation fâcheuse des théâtres de la province n'est pas nouvelle et ne vient pas de la liberté, mais bien de l'insuffisance des moyens protecteurs, et surtout de l'absence d'une bonne organisation.

Eh bien ! c'est cette organisation, réputée de tout temps impossible, que j'ose croire facile et dont je vais essayer de soumettre les bases au Sénat.

Ces bases peuvent reposer sur deux points principaux :

1° Augmenter et mieux répartir les subventions accordées aux théâtres de France et notamment à ceux de la province ;

2° Diminuer la rareté des chanteurs, cause essentielle des exagérations de leurs prétentions pécuniaires.

PREMIER POINT.

Le décret du 6 janvier 1864 a reconnu le principe des subventions. Mais comment sont-elles établies ? Qui les fournit ?

A Paris, c'est l'Etat. La ville de Paris ne donne rien.

En province, ce sont les municipalités; mais seulement quand elles le jugent convenable. L'Etat ne donne rien.

Tous les esprits sensés n'hésitent pas à déclarer que l'Etat doit faire beaucoup plus en faveur de la capitale que des départements, surtout en matière d'art; mais ils disent aussi qu'il n'est pas juste de ne rien faire pour les départements, et ils ajoutent qu'il serait généreux de ne point les laisser, pour ainsi dire, en dehors du mouvement intellectuel et artistique qui s'accomplit à Paris.

La conséquence de ce sage raisonnement est que l'Etat devrait venir en aide aux municipalités de la province et les encourager à subventionner leurs théâtres en les subventionnant lui-même.

Où prendre l'argent nécessaire à cette dépense ? Et dans quelle mesure la bourse de l'Etat interviendrait-elle ?

Pour résoudre ces deux questions, il ne s'agit que de préciser avec un peu de justice distributive la part de charges qui doit incomber à chaque municipalité dans les frais de ses théâtres, dont elle profite, et cela, sans en excepter la ville de Paris, la plus opulente de toutes.

Si la ville de Paris, adoptant ce principe, se montrait aussi généreuse que certaines villes de province qui, pour leurs théâtres, ont sacrifié jusqu'au trentième de leurs recettes budgétaires, Paris donnerait 7 millions, somme équivalente au trentième de son budget de recettes, qui s'élève à près de 210 millions.

On ne lui demande pas si forte somme ; cependant, comme de sept millions à zéro il y a de la marge, on est dans le vrai, dans le juste, en l'appelant à participer aux dépenses de ses théâtres, ne fût-ce que dans une proportion relativement faible.

Cette doctrine a préoccupé les hommes d'Etat, car dans sa séance du 21 mai 1864 le Corps Législatif a émis le vœu que Paris cessât de s'affranchir des obligations supportées par les autres villes. Il a exprimé le désir que la ville de Paris supportât une partie des dépenses de ses théâtres, qui sont pour elle une de ses plus fécondes sources de prospérité.

Si le vœu du Corps Législatif était pris en considération, la question des théâtres de province aurait fait un grand pas vers sa solution.

Que Paris se charge de fournir la moitié de ce que lui donne l'Etat pour ses théâtres, et l'Etat, par cet allégement, sera mis immédiatement en possession d'une somme de 800,000 fr. au moins, qu'il pourra, sans augmenter son budget, répartir entre les scènes départementales dans la proportion suivante, ou dans toute autre :

A la ville de province qui fournirait elle-même 100,000 fr., l'Etat en donnerait 50,000 fr. ; à celle qui en fournirait 50,000, l'Etat en donnerait 25,000.

Toutefois, ces allocations ne seraient accordées par l'Etat qu'en échange d'une condition que j'indiquerai plus loin.

Les subventions et dépenses soldées par l'Etat au profit des théâtres de Paris s'élèvent à 1,515,000 fr., on pourrait presque dire 2 millions, si l'on faisait entrer en ligne de compte les loyers des immeubles des théâtres appartenant à l'Etat et les déficits souvent comblés par lui.

Mais, pour n'être pas accusé d'exagération, disons que l'Etat dépense pour les théâtres de Paris une somme de 1,600,000 fr.

Toutes les subventions réunies des diverses villes de province ne formant pas un total de 1,600,000 fr., il est évident que les 800,000 fr. qui rentreraient à l'Etat seraient suffisants pour fournir à toutes les villes cette moitié en plus de leurs dépenses particulières. De cette manière, et sans bourse délier, l'Etat serait juste envers les villes de province, et Paris, quoique toujours plus avantagé que la province, contribuerait aux dépenses de ses théâtres.

DEUXIÈME POINT.

On s'est plaint fort souvent de ce que les chanteurs se faisaient payer trop cher.

Pourquoi sont-ils chers? Ce n'est pas toujours parce qu'ils ont du talent; mais parce que, bons ou mauvais, ils sont rares.

Qu'on trouve le moyen d'en former beaucoup, en les instruisant bien, et leurs prétentions pécuniaires s'abaisseront par les facilités de recrutement que donne un plus large contingent de sujets; en même temps, le niveau de leur mérite s'élèvera par une instruction bien dirigée.

Pour parvenir à ce résultat, il suffirait de fonder des conservatoires dans les principales villes, ainsi que cela existe déjà à Marseille, Toulouse, Lille, Metz et Nantes.

Si la fondation des conservatoires était mise à exécution dans un grand nombre de villes, on peut affirmer qu'on ne tarderait pas à voir éclore beaucoup de chanteurs. Il y a des voix partout : au nord comme au sud, à l'ouest comme à l'est.

Pour encourager les villes à faire cette dépense, qui serait si productive pour elles-mêmes et pour l'art en général, l'Etat en ferait une condition essentielle de la subvention qu'il accorderait au *théâtre impérial* de la ville qui fonderait un conservatoire.

Par ce moyen l'Etat atteindrait un double but de progrès. Il encouragerait l'art théâtral comme exécution, et il exciterait les villes à imiter ce qui a lieu à Paris, en faisant donner gratuitement l'éducation aux sujets doués d'aptitudes nécessaires.

On peut ajouter que cela ne serait pas sans profit pour les scènes de la capitale, qui écrèment souvent les scènes départementales.

Il se prése nte une observation :

Toutes les villes, grandes ou petites, seraient-elles admises à s'imposer la double dépense nécessitée par la fondation d'un conservatoire et d'une subvention?

On pourra objecter qu'il ne serait pas sage d'exciter les villes, n'ayant que de faibles revenus, à faire pour l'art théâtral des dépenses qui altèreraient leurs ressources nécessaires à des frais plus utiles.

L'administration aurait donc à décider sur ce point, en prenant pour bases d'appréciation la population et le budget des villes qui sembleraient assez importantes pour être dotées d'un théâtre impérial, ou bien, proclamant l'égalité, elle admettrait toutes les villes à jouir des immunités offertes par l'Etat. Dans l'intérêt de l'art, il serait toujours mieux d'accroître le nombre des *théâtres impériaux* de la province que de le restreindre.

RÉSUMÉ.

FONDATION DES THÉATRES IMPÉRIAUX DE LA PROVINCE.

1° Un *théâtre impérial* serait créé dans chaque ville départementale qui fournirait une subvention à ce théâtre et fonderait un conservatoire de musique vocale et instrumentale ;

2° Pour encourager cette double fondation artistique, l'Etat fournirait une somme équivalente à la moitié de ce que chaque ville donnerait pour soutenir son *théâtre impérial;*

3° Les *théâtres impériaux* de la province pourraient jouer tous les genres; mais ils seraient obligés à représenter l'opéra, la comédie et des pièces choisies parmi celles qui sont représentées sur tous les théâtres impériaux de la capitale.

Comme il importe au progrès de l'art musical que la protection ne s'étende pas seulement à l'opéra, les *théâtres impériaux* de la province seraient tenus de donner plusieurs concerts dans lesquels seraient exécutées avec le plus grand soin les symphonies des grands maîtres. Ces œuvres magistrales du génie ne doivent pas rester inconnues aux populations dont elles élèveraient le goût ;

4° Dans tous les *théâtres impériaux* de la province, les appointements annuels des musiciens de l'orchestre, des choristes, seraient garantis par les subventions. Tous ces artistes, indispensables à la bonne interprétation des œuvres et qui sont peu rétribués, doivent être à l'abri des éventualités de perte ;

5º Les subventions serviraient encore à acquérir la musique et les pièces, qui resteraient la propriété de chaque ville et formeraient ainsi des bibliothèques utiles à l'instruction des habitants ;

6º Il ne serait pas interdit au directeur du *théâtre impérial* d'une ville d'administrer d'autres théâtres établis dans la même ville (1).

Ce projet que j'ose soumettre au Sénat ne m'a été inspiré que par un ardent désir de voir les scènes départementales prendre un honorable rang dans l'art théâtral français.

Puisse le Sénat lui accorder sa haute approbation, et puisse enfin la main puissante de Napoléon III doter les scènes départementales d'une organisation forte et féconde. La protection et la liberté réunies marchant de compagnie feraient alors participer les *théâtres impériaux* de la province au mouvement civilisateur qui caractérise les théâtres impériaux de la capitale.

Grâce à cette institution nouvelle des *théâtres impériaux* de la province, alimentés et régénérés par la fondation des conservatoires, la scène française tout entière serait grande, et plus que jamais on verrait se développer l'éclat et le progrès qui en ont toujours fait la première scène du monde.

Je suis, etc.

Rouen, le 12 janvier 1865.

———

RAPPORT PRÉSENTÉ AU SÉNAT PAR M. LE BARON HAUSSMANN.

(Séance du 7 juillet 1865).

« — (Nº 170.) — Le sieur Malliot, professeur et compositeur de musique à Rouen, demande : 1º la fondation, dans les départements, de théâtres impériaux ; 2º la subvention, par l'Etat, des théâtres de province dignes de cette faveur ; — et il indique, comme moyen de pourvoir à cette double dépense, une réduction de moitié sur la subvention accordée à certains théâtres de Paris.

---

(1) Cela n'est pas pratiqué à Paris ; mais il importe qu'il n'en soit pas de même en province, où les conditions de vitalité des théâtres sont différentes. Cette faculté de gérer plusieurs théâtres laissée au directeur du théâtre impérial de chaque ville lui permettrait de mieux soutenir toutes les concurrences sans entraver la marche de l'art, et lui offrirait l'éventualité de bénéfices qui viendraient d'autant alléger les charges du *théâtre impérial.*

« Le décret du 6 janvier 1864, en supprimant les priviléges en matière d'exploitations théâtrales, a pu rendre plus précaire qu'elle ne l'était déjà la situation de quelques théâtres de province ; mais c'est surtout parce que certaines villes ont saisi cette occasion de supprimer les subventions municipales qu'elles accordaient précédemment aux leurs. — Le moment de trouble qui a suivi la grande mesure adoptée par le gouvernement doit-il faire désespérer de l'avenir de l'art lyrique en province? Nous croyons qu'il serait téméraire de l'affirmer.

« Dans tous les cas, il est étrange qu'on revienne aujourd'hui, sous le régime de liberté à peine inauguré, demander ce qu'on avait jugé impossible au temps des priviléges et de la protection.

« Le sieur Malliot voudrait, en outre, que des conservatoires de musique fussent créés par l'Etat dans les grandes villes de province.

« Deux établissements de ce genre, à Lille et à Toulouse, sont subventionnés par le ministère de la maison de l'Empereur et des beaux-arts. Mais lorsque de toutes parts on demande, sous le nom de *décentralisation*, des mesures législatives ayant pour but de laisser une part plus large à l'initiative locale en matière d'institutions de toute nature, il serait étrange de pousser le gouvernement à s'engager plus qu'il ne l'a fait encore dans une voie différente. »

OPINION SUR L'IMPOT DES PAUVRES ATTBIBUÉE A M. ROUHER, MINISTRE D'ÉTAT.

Nous avons lu dans l'*Indépendance belge* du 14 janvier 1865 et dans diverses publications, que M. Rouher, ministre d'Etat, en recevant, au mois de janvier, la visite de la commission des auteurs, se serait expliqué catégoriquement sur l'impôt des pauvres. Comme nul démenti n'est venu contredire le récit de l'*Indépendance belge*, il y a lieu de ne point révoquer en doute ce qu'elle a avancé, et que nous reproduisons ici, à titre de renseignement :

« Le ministre aurait mis la conversation sur la question des théâtres, et il aurait demandé si on ne songeait pas à réclamer l'abolition du droit des pauvres. Une des personnes présentes aurait fait observer que bien souvent cette réclamation avait été faite avec ardeur, suivie avec intelligence , et que toujours elle aurait échoué.

« Le ministre aurait répondu que cela ne l'étonnait pas, qu'alors que l'industrie théâtrale était une industrie privilégiée, il n'y avait rien que de juste à ce que cette industrie privilégiée fût frappée d'un impôt en faveur des pauvres ; que privilége entraîne naturellement charge et redevance. Mais, aurait ajouté Son Excellence , aujourd'hui l'industrie théâtrale est une industrie comme toutes les autres ; elle court les mêmes risques, elle a les mêmes devoirs, mais elle a aussi les mêmes droits. Le premier de tous, c'est le droit de la liberté, le droit pour chaque industriel d'exercer sans entrave, sans gêne aucune, selon ses forces, selon son intelligence, avec toutes ses ressources, l'industrie à laquelle il se consacre, etc., etc. On a objecté que le droit des pauvres est un droit imprescriptible, car il n'est pas payé par l'industrie théâtrale ; il est, dit-on, payé par le public, car dans le prix des billets que chacun prend , a été comprise , depuis longues années, la part des pauvres, qu'on a même appelée ingénieusement l'impôt du plaisir. — Mauvais argument ! Qu'est-ce que le prix ? où commence-t-il, où finit-il ? Qui l'a fixé ? Qui a le droit de le diminuer, de l'augmenter ? Une seule personne, l'industriel ! Et c'est à cet industriel que vous viendrez dire : Dans ce prix librement arrêté par nous, selon les besoins de la demande et de l'offre, il y a une part qui ne vous appartient pas et qui est aux pauvres ! L'industriel ne vous comprendra pas, et il demandera ce que c'est qu'une industrie libre. Et il criera à l'injustice ! et il aura raison. Il ne faut pas respecter ce qui est injuste, et, dût-on risquer un peu de sa popularité en combattant pour l'équité, il faut combattre ! Il n'y a plus au monde de cause juste dont le monde ne finisse par reconnaître la légitimité. Le ministre aurait terminé en disant : « Qu'il serait heureux qu'on lui présentât un travail « sur la question ; qu'il se faisait honneur d'avoir coopéré à la « proclamation de la liberté de l'industrie théâtrale, et qu'il vou- « lait que cette liberté fût une vérité. »

TABLE DES MATIÈRES